W0295317

Jakob Böhme

Jakob Böhme

Textauswahl und Kommentar
von Gerhard Wehr

marixverlag

Bibliografische Information der Deutschen Nationalbibliothek
Die Deutsche Nationalbibliothek verzeichnet diese Publikation in der Deutschen Nationalbibliografie; detaillierte bibliografische Daten sind im Internet über
http://dnb.d-nb.de abrufbar.

Es ist nicht gestattet, Abbildungen und Texte dieses Buches zu scannen, in PCs oder auf CDs zu speichern oder mit Computern zu verändern oder einzeln oder zusammen mit anderen Bildvorlagen zu manipulieren, es sei denn mit schriftlicher Genehmigung des Verlages.

Alle Rechte vorbehalten

© by marixverlag GmbH, Wiesbaden 2012
Lektorat: Dr. Bruno Kern, Mainz
Covergestaltung: Nicole Ehlers, marixverlag GmbH
Satz und Bearbeitung: Medienservice Feiß, Burgwitz
Gesetzt in der Stempel Garamond
Gesamtherstellung:
Bercker Graphischer Betrieb GmbH & Co.KG, Kevelaer
Printed in Germany

ISBN: 978-3-86539-271-8

www.marixverlag.de

Inhalt

I. Einleitung 7
1. Jakob Böhme und sein Erkenntnisdurchbruch 7
2. Probleme mit Kirche und Magistrat 14
3. Zum Fortgang des Werks 17

II. Die Texte 21
1. Aurora oder Morgenröte im Aufgang 21
1. Kapitel 21
2. Kapitel 23
3. Kapitel 27
19. Kapitel 35
25. Kapitel 47
2. Von der neuen Wiedergeburt 54
1. Kapitel 54
4. Kapitel 59
6. Kapitel 62
7. Kapitel 66
8. Kapitel 70
3. Vom dreifachen Leben des Menschen 75
1. Kapitel 75
2. Kapitel 79
3. Kapitel 83
4. Vom übersinnlichen Leben 89
Im Gespräch eines Meisters mit seinem Jünger 89
5. Gespräch einer erleuchteten und unerleuchteten Seele . 102
6. Theosophische Sendbriefe 112
Erster Brief: An Carl von Ender 112
Vierter Brief: An Christian Bernhard 117
Zehnter Brief: An Abraham von Sommerfeld 121
Zwölfter Brief: An Caspar Lindner 133

III. Stimmen und Zeugnisse zu Jakob Böhme 147
Angelus Silesius 147
Quirinus Kuhlmann 147
Friedrich Christoph Oetinger 147
Georg Christoph Lichtenberg 148
Louis-Claude de Saint-Martin 148
Franz von Baader 149
G.W.F. Hegel 149
Novalis 149
Friedrich Schlegel 150
F.W.J. Schelling 151
Ludwig Feuerbach 151
Karl Marx 151
Rudolf Steiner 152
Paul Tillich 152
Emanuel Hirsch 152
Werner Elert 153
Ernst Benz 153
Ernst Bloch 153
Ernst-Heinz Lemper 154
Eberhard E. Pältz 154
Sibylle Rusterholz 155
José Sanchez de Murillo 155

Literatur 157

I. Einleitung

1. Jakob Böhme und sein Erkenntnisdurchbruch

Warum ist so viel Ungerechtigkeit in der Welt? Woher kommt das Böse? – So und ähnlich lauteten die elementaren Fragen, die den jungen Jakob Böhme umtrieben, ehe ihm das Licht aufging, das nicht nur sein Leben erhellte. Es handelte sich vielmehr um eine Erleuchtung, die ihn, den schlichten Handwerker, zu dem bedeutenden nachreformatorischen Mystiker und Theosophen werden ließ. Als Autor umfangreicher religiös-spiritueller Schriften übt er seit mehr als vier Jahrhunderten auf spirituell suchende Menschen eine inspirierende Wirkung aus, und zwar unabhängig von Bildungsstand oder religiös-weltanschaulicher Orientierung.

Unter ihnen befinden sich Philosophen wie Leibniz und Hegel, Schelling und Ernst Bloch, Dichter wie Ludwig Tieck und Friedrich von Hardenberg (Novalis), ferner Theologen und Psychologen, denen die innere Erfahrung unverzichtbar geworden ist. Es ist im Übrigen aufschlussreich, wenn man sich einen Einblick in die Wirkungsgeschichte dieses unscheinbaren und doch geistesmächtigen Mannes verschafft, dessen Schrifttum weltweite, bis nach Asien reichende Verbreitung gefunden hat.[1] Die „Morgenröte“, deren Anbruch Jakob Böhme auf eigentümliche Weise selbst erlebt hat, machte er seit mehr als vier Jahrhunderten auf diese Weise Ungezählten zugänglich.

Jakob Böhme wurde 1575 in dem Dorf Alt-Seidenberg an der deutsch-tschechischen Grenze geboren. Er entstammt einer angesehenen alteingesessenen Bauernfamilie, die über einigen Grundbesitz verfügt haben soll. Seiner der schweren Feldarbeit nicht gewachsenen körperlichen Verfassung wegen gaben die Eltern ihren Sohn einem Schuhmacher in die Lehre. Im Blick auf seine reiche literarische Hinterlassenschaft wäre es aufschlussreich zu wissen, wohin der junge Schuster nach Abschluss der Lehre als wandernder Handwerksgeselle gekommen ist und welche ersten Einflüsse er dabei empfangen haben mag. Immerhin lassen sich aus seinen Aufzeichnungen und nicht zuletzt aus seinen zahlreichen erhaltenen Briefen entsprechende Eindrücke gewinnen.

Über die ersten beiden Jahrzehnte seiner Biografie ist nicht viel bekannt. Man kann sich aber mit einigen wenigen äußeren Lebensdaten begnügen – zum einen, weil es in der Hauptsache innere Erlebnisse und geistig-geistliche Impressionen sind, die seine Bedeutung begründen; zum anderen geben seine Niederschriften über die Beschaffenheit seiner Wesensschau hinreichenden Aufschluss. Als *Mystiker* kann er dank seiner anrührenden spirituellen Erfahrungen gelten[2]; als *Theosoph* ist er dadurch qualifiziert,

1 Zur Wirkungsgeschichte Böhmes im deutschen Geistesleben vgl. Gerhard Wehr: Jakob Böhme. Ursprung, Wirkung. Textauswahl. Wiesbaden 2010.

2 Eine der zahlreichen immer nur annähernden Definitionen bezeichnet die christliche Mystik als eine auf Erfahrung gegründete Gotteserkenntnis (*cognitio Dei experimentalis et non doctrinalis*). – Gerhard Wehr:

dass sich ihm auf der Basis der Gottesweisheit (*sophia tou theou)* ein universelles Bild von Gott, Welt und Mensch erschloss. Seine zahlreichen Schriften und an Gleichgesinnte gerichteten Sendschreiben belegen dies. Ihnen sind auch Erläuterungen zu seinem Werk zu entnehmen.

Nach abgeschlossener Berufsausbildung lässt sich Jakob Böhme 1599 in Görlitz nieder. Der junge Handwerksmeister erwirbt das Bürgerrecht in der durch Handel und Handwerk bestimmten Stadt an der Neiße. Er heiratet Katharina Kuntschmann, die Tochter eines Metzgers, begründet eine Familie und richtet eine „Schuhbank" ein. In den Tagen, als dem 25-jährigen Schuhmacher der erste Sohn geboren wird, den er ebenfalls auf den Namen Jakob taufen lässt, geschieht es: Während die auf seine Lebensfragen erwarteten Antworten ausfallen, erlebt er etwas, das letztlich viel tiefer greift als die üblichen Fragen nach dem Warum und Weshalb menschlicher Existenz. Es handelt sich um eine Wahrnehmung, die ihm zwar mitten im Alltag widerfährt, die aber doch auch darüber hinausweist: eine innere Schau, in der ihm etwas vom Geheimnis und der Vielgestalt der Schöpfung aufgeht. Von außen betrachtet scheint diese Schau durch den Widerschein eines Zinngefäßes ausgelöst worden zu sein. So heißt es in einem ersten Bericht. Aber nicht etwa der bloße Abglanz, nicht das optisch Gesehene ist es, was ihn zu seiner großen Überraschung im Innersten anrührt. Was ihn ergreift, das ist eine Ahnung von der Tiefendimension der Wirklichkeit. Von daher wird er angeregt, über die Mysterien alles dessen, was ist, nachzudenken.

Christliche Mystiker. Von Paulus und Johannes bis Simone Weil und Dag Hammarskjöld. Regensburg 2008.

Bezeichnenderweise ist mit diesem schauenden Initialerlebnis das Verlangen verbunden, das Wahrgenommene nicht allein für sich zu behalten, sondern davon Zeugnis abzulegen. Doch das erweist sich für ihn, den schulisch ungebildeten Handwerker, als ungemein schwierig. Es entspricht im Übrigen der Eigenart spirituell-mystischer Erlebnisse, dass sie ihres nichtsinnlichen Charakters wegen kaum in Worte der Alltagssprache zu fassen sind. Über Andeutungen kommt man meist nicht hinaus. Und doch versucht Böhme, seinen Freunden hin und wieder davon zu erzählen. Einer von ihnen ist der Jurist und schlesische Landedelmann Abraham von Franckenberg (1593 – 1656). Auf diese Weise wurde dieser zu seinem ersten Biografen. In seinem Bericht heißt es:

„Unterdessen und nachdem er sich als ein getreuer Arbeiter seiner eigenen Hand im Schweiße seines Angesichts genähret, wird er mit dem 17. Saeculi Anfang, nämlich anno 1600, als im 25. Jahr seines Alters, zum andern Mal vom göttlichen Lichte ergriffen und mit seinem gestirnten Seelengeiste durch einen gählichen [jähen, plötzlichen] Anblick eines zinnern Gefäßes ... zu dem innersten Grund oder Centro der geheimen Natur geführet."

Damit ist zum Ausdruck gebracht, dass Böhme offensichtlich zum wiederholten Mal eine innere Schau empfangen habe, die ihn ins Innere, das heißt in den Geheimnisgrund der Natur, sehen ließ. Der kulturgeschichtliche Zeitpunkt, in dem das geschah, ist zu beachten. Böhmes Erlebnis hat sich auf der Schwelle zum 17. Jahrhundert zugetragen, in einem Augenblick also, in dem in nachreformatorischer Zeit ein neues Naturerkennen in Erscheinung tritt. Das bisherige Weltbild, nach dem die Erde im Mittelpunkt des kosmischen Geschehens stehe, wird durch die Entdeckungen des Nikolaus Kopernikus und der Astronomen revolutioniert. Die Weltverhältnisse erfahren eine totale Umkehrung. Die damit verbundenen Folgerungen für Glauben und Bewusstsein der Menschen haben ein neues Fragen in Gang gebracht. Zweifel und Unsicherheit beschleicht viele, zumal auch Aussagen der Bibel mit dem kopernikanischen Weltbild nicht in Übereinstimmung zu bringen zu sein scheinen. Böhme fragt sich beispielsweise: Wo ist jetzt eigentlich „der rechte Himmel“, nachdem der äußere Himmel mit Sonne, Sternen und Planeten messbar geworden ist? Wo ist dann die menschliche Seele daheim?

In seiner Schilderung versäumt Franckenberg nicht darauf hinzuweisen, dass Böhme sich der Wirklichkeit des Erlebten zu vergewissern suchte, dass er aus seiner dämmrigen Schusterstube hinausgestürzt sei, um „im Grünen“ zu prüfen, ob sein Schauen auch da anhalte, oder ob es sich etwa um eine bloße Sinnestäuschung, um eine Halluzination gehandelt habe. Darin äußert sich Böhmes Bedürfnis, sich über die Art seiner Wahrnehmung klar zu werden. Was sich ihm aber als eine Gewissheit bekundet hat, sei – so Franckenberg – der Art gewesen, dass er gleichsam „ins Herz und die innere Natur“ habe blicken können. Also ein nichtsinnliches Gewahr- und Gewisswerden dessen, was sich normalerweise dem menschlichen Zugriff und der Beschreibung entzieht. Es versteht sich, dass damit keine räumliche, sondern eine spirituelle Tiefe gemeint ist. Wie aus Böhmes eigenen Aufzeichnungen ersichtlich, war ihm selbst daran gelegen, geistig strebenden Menschen seiner Umgebung das Erlebte – sofern irgend möglich – in Worte zu fassen und zur Anschauung zu bringen. Auch scheute er in späteren Jahren die Auseinandersetzung mit kritischen Betrachtern seiner Darstellungen und Deutungen nicht.

Was sein schriftstellerisches Schaffen anlangt, so ist es bemerkenswert, dass diese sein weiteres Leben bestimmende Schau den Schuster und Familienvater, den Görlitzer Bürger und das Glied der evangelisch-lutherischen Kirchengemeinde nicht etwa aus seinem Tagewerk herausriss. Er blieb vielmehr „geerdet", er blieb zunächst buchstäblich bei seinem Leisten. Erst später sah er sich veranlasst, zusammen mit seiner Ehefrau einen Garnhandel zu betreiben. Als ein reisender Kaufmann nutzte er so die Gelegenheit, Gesinnungsfreunde und Leser zu den von ihnen gewünschten Aussprachen besuchen zu können.

Bezeichnend ist andererseits, dass es eines über zwölf Jahre sich erstreckenden Zuwartens bedurfte, bis es ihm möglich war, das innerlich Empfangene zu fassen und schließlich zu Papier zu bringen. In seinem Erstlingswerk *Die Morgenröte im Aufgang* – später *Aurora* betitelt – hat Böhme zum ersten Mal die Fülle seiner Gesichte ausgebreitet. Vertieft man sich in die Wortlaute seiner Schilderungen, dann nimmt man an seinem Ringen mit der Sprache unmittelbar Anteil. Es ist anrührend zu beobachten, wie er dies mühevoll und einigermaßen unbeholfen unternimmt! Wie soll auch ein ungebildeter Mensch, der keine der hohen Schulen seiner Zeit von innen gesehen hat, den aber „der Geist treibt", zu Werke gehen, um das Unsägliche sagbar zu machen? In seinem literarischen Erstling, der in vieler Hinsicht rätselhaften „Morgenröte", legt er – im 19. Kapitel – von seinem einzigartigen geistigen Durchbruchserlebnis Rechenschaft ab. Offensichtlich ist er durch dieses Erleben zu dem durch inneren Antrieb bewegten spirituellen Schriftsteller geworden. Kein Geringerer als der Philosoph F.W.J. Schelling (1775 – 1854) hat ihn mit Recht eine „Wundererscheinung in der Geschichte der Menschheit" genannt und das in seinen Büchern Niedergelegte als einen „Schatz von natürlicher Geistes- und Herzenstiefe" bezeichnet.[3]

In der Tat: Selten hat ein Werk der mitteleuropäischen Geistesgeschichte eine so tiefgehende und nachhaltige Wirkung ausgeübt wie diese „Aurora" Jakob Böhmes. Darin erweist er sich, was seinen sprachlichen Gestus und Wortschatz anlangt, als ein kenntnisreicher Bibelleser. Als Protestant versteht es sich für ihn, dass er sich der Sprache der Luther-Bibel bedient. Das beweisen die zahlreichen Anspielungen, Bilder und Gleichnisse, die der alt- wie der neutestamentlichen Überlieferung entnommen sind. Luthers Bibelsprache ist zugleich Böhmes Bildungssprache. Es ist aber auch daran zu denken, dass er nach eigenem Geständnis „viel hoher Meister Schriften" zur Kenntnis genommen habe, beispielsweise solche des Arztphilosophen Paracelsus und seiner Schüler. Es ist nachgewiesen, dass gerade auch in Schlesien paracelsische Studien getrieben wurden. Einem seiner Freunde, dem weitgereisten naturphilosophisch gebildeten Arzt Dr. Balthasar Walther, verdankt er den Ehrentitel „Philosophus teutonicus", deutscher Philosoph, etwa wörtlich zu verstehen als ein „Freund der Weisheit". Denn sie, die göttliche Sophia, ist es schließlich, der sich Böhme innerlich verbunden fühlt. Diese göttliche Weisheit, so ist er überzeugt, habe ihm in dem entscheidenden Augenblick seiner Erleuchtung „eine Rose verehrt". Das heißt, ihr verdanke er eine neue Sicht der Dinge, insbesondere die Art zu schreiben. Und im Grunde folge er einem „feurigen Trieb".

3 Schelling: Philosophie der Offenbarung (1858), 7. Vorlesung.

Er könne gar nicht anders. Davon berichtet er in seinem zehnten und zwölften Brief.

2. Probleme mit Kirche und Magistrat

Im Laufe von etwa fünf Monaten – zwischen Januar und Pfingsten des Jahres 1612 – schreibt der Görlitzer Schuhmachermeister das nieder, was seit seinem mystischen Erlebnis im Laufe der vergangenen zwölf Jahre in ihm gereift ist. Über das erste Manuskript setzt er die vielsagenden Worte: *„Morgenröte im Aufgang, das ist die Wurzel oder Mutter der Philosophiae, Astrologiae und Theologiae*[4] *aus rechtem Grunde oder Beschreibung der Natur, wie alles gewesen und im Anfang worden ist ...“* Auswärtigen Freunden verrät er, was neben seiner Berufsarbeit, etwa auch in den Nachtstunden, entstand. Die Urschrift und erste heimlich kopierte Abschriften machen alsbald die Runde im nach und nach sich formierenden Kreis der Böhme-Freunde. Das geschieht, noch ehe das Buch seinen Abschluss gefunden hat. Dazu sollte es auch gar nicht kommen, weil sich die städtische Obrigkeit, die kirchliche und die weltliche, eingeschaltet und ihr Zensurrecht rigoros ausgeübt hat.

Dem zuständigen Görlitzer Oberpfarrer (Primarius) Gregorius Richter (gestorben 1624) ist das Tun des Schusters nicht verborgen geblieben. Als ein an Schrift und Bekenntnis gebundener lutherischer Theologe sieht er sich berufen, die von gegenreformatorischen Kräften angegriffene „reine Lehre“ zu schützen. Und dies angesichts des als „Glaubens-

4 Böhme spricht hier zwar von Theologie, aber es ist nicht die kirchlich-akademische Disziplin gemeint, sondern die oben erwähnte *Theosophie* im Sinne einer intuitiv erfassten Gottesweisheit.

krieg" ausgegebenen Dreißigjährigen Kriegs (1618 – 1648). Die Reformation Martin Luthers hat sich frühzeitig in Schlesien und in der Lausitz ausgebreitet. Dabei kam es auch zur Bildung von kleinen Gemeinschaften und Konventikeln, die beispielsweise der spirituellen Lehrweise eines Kaspar von Schwenckfeld (1489 – 1561)[5] gefolgt sind, die jedoch nicht mit der Billigung der Lutheraner rechnen konnten.[6] Überzeugt, dass es nicht die Sache eines ungebildeten Handwerkers sein könne, spirituelle Aufzeichnungen zu machen und anderen Einblick zu gewähren, fordert er den Görlitzer Stadtrat auf, die Sache zu unterbinden und die bis dahin entstandene Niederschrift der „Morgenröte im Aufgang" zu kassieren. Eine Eintragung im Tagebuch von Bürgermeister Scultetus besagt denn auch, man habe das umfängliche Manuskript aufs Rathaus gebracht und den unbescholtenen Autor kurze Zeit in den Karzer geworfen. Böhme hat sein Buch nie mehr gesehen. Er konnte es daher auch nicht abschließen.[7]

Über Nacht ist der ehrbare Bürger als ein gefährlicher „Enthusiast" gebrandmarkt. Und von der Kanzel der Görlitzer Hauptkirche herab muss sich der erschreckte Mann in einer Droh- und Strafpredigt seines Seelsorgers als ein gefährlicher Irrlehrer diffamieren lassen. In einem zusätzlichen Glaubensverhör auf dem Pfarramt gebietet Gregor Richter dem harmlosen Delinquenten, dergleichen

5 Paul Gerhard Eberlein: Caspar von Schwenckfeld, der schlesische Reformator und seine Botschaft. Metzingen 1999.

6 Horst Weigelt: Spiritualistische Tradition im Protestantismus. Die Geschichte des Schwenckfeldertums in Schlesien. Berlin 1973.

7 Abgesehen davon, dass vor der Konfiszierung eine Reihe von Abschriften entstanden war, hat sich die Urschrift der „Aurora" erhalten. Sie wird zusammen mit weiteren Werken Böhmes in der Herzog-August-Bibliothek in Wolfenbüttel verwahrt.

nicht mehr zu schreiben, da er als unstudierter Laie dazu nicht befugt sei – eine Behauptung, die übrigens im strikten Gegensatz zu Luthers These von der „Freiheit eines Christenmenschen" in Bezug auf den Glaubens steht!

Für Jakob Böhme beginnt damit eine sich über einige Jahre erstreckende Prüfungszeit. Er sieht sich einem doppelten Druck ausgesetzt. Einerseits empfängt er weitere Inspirationen, andererseits ist er gewillt, sich der Forderung des Oberpfarrers gehorsam zu unterwerfen. Doch der „geistliche" Herr hält sich nicht an die getroffene Übereinkunft, seine grundlosen Anschuldigungen zu beenden. Darüber beklagt sich Böhme in einem Brief . „[Der Oberpfarrer] hat mich die ganze Zeit schmählich gelästert und mir öfters Dinge zugemessen, derer ich gar nicht schuldig bin und also die ganze Stadt lästernd und irre gemacht, dass ich samt meinem Weibe und Kinder habe müssen ein Schauspiel, Eule und Narr unter ihnen sein. Ich habe ferner all mein Schreiben und Reden von solcher Hoheit und Erkenntnis göttlicher Dinge auf sein Verbot viele Jahr bleiben lassen und gehoffet, es wird des Schmähens einmal ein Ende sein, welches aber nicht geschehen, sondern immerdar ärger worden ist."[8]

8 Jakob Böhme: Theosophische Sendbriefe 54, 6 f.

3. Zum Fortgang des Werks

Dem Drängen seiner Freunde, er dürfe das ihm anvertraute Charisma nicht länger verborgen halten, ist es letztlich zu verdanken, dass Böhme einsieht, man müsse Gott mehr gehorchen als den Menschen, auch wenn es sich um das Diktat eines Amtsträgers der Kirche handle. So entstehen während der ihm verbleibenden Jahre neben seiner Berufsarbeit, teils als Schuhmacher, teils als fahrender Händler, zahlreiche Schriften, die allesamt als Handschriften und deren Kopien kursieren. Als er 1619, wenn nicht schon ein Jahr vorher, abermals zur Feder greift, beginnt für den Görlitzer Schuster ein „mächtiger Aufgesang neuen Schaffens" (H. Grunsky).

Im Mittelpunkt dieser Aufzeichnungen stehen zunächst Vorstellungen, die sich auf die gemäß seiner Schau nach drei Prinzipien strukturierten Wirklichkeit darstellen. In dem gleichnamigen Werk erklärt er sie. Diese *Beschreibung der drei Prinzipien göttlichen Wesens* (1619) handelt von der *„ewigen Geburt der Heiligen Dreifaltigkeit Gottes, und wie durch und aus derselben sind geschaffen worden die Engel; sowohl die Himmel, auch die Sterne und Elementa samt allen kreatürlichen Wesen und alles, was da lebet und schwebet; fürnehmlich von dem Menschen, woraus er geschaffen worden und zu welchem Ende; und dann, wie er aus seiner ersten pardiesischen Herrlichkeit gefallen in die zornige Grimmigkeit und in seinem ersten Anfang zum Tode erstorben, und wie dem wieder geholfen worden; und dann auch, was der Zorn Gottes (Sünde, Tod, Teufel und Hölle) sei; wie derselbe in ewiger Ruhe und in großer Freude gestanden, auch wie alles in dieser Zeit seinen Anfang genommen und wie es sich jetzt treibet und endlich* *wieder werden wird*". So lautet der Text des Titelblattes von Böhmes zweitem Buch in der Gesamtausgabe von 1730. Mit diesem Aufriss ist zugleich seine theosophische Thematik angegeben. Es handelt sich um den Ausgang von Mensch und Welt aus der Schöpferhand Gottes, um den Fall des Menschen in die Vergänglichkeit und schließlich um die Heimholung des Menschen in seinen Urstand im Licht. All das sollte in immer neuen Entfaltungen sein Denken und Sinnen bis zu seinem frühen Lebensende (1624) beschäftigen: Es handelt sich um Alpha und Omega, Ursprung und Zielpunkt von Gottheit, Kosmos und Menschheit.

Mit großer Konzentration, nur von Gesprächen und einem regen, zum Teil erhaltenen Briefwechsel sowie auch von gelegentlichen Disputationen unterbrochen, schreibt er Buch um Buch. Im Winter 1619 auf 1620 entsteht *Hoch und tiefe Gründung von dem Dreifachen Leben des Menschen*. Auf eine Anregung von Dr. Balthasar Walther, dem mit ihm befreundeten Arzt, gehen die *Vierzig Fragen von der Seelen* zurück, die im Frühjahr 1620 im Manuskript vorliegen. Weiter seien genannt die beiden Hauptwerke *Von der Menschwerdung Jesu Christi* und die sogenannten *Sechs theosophischen Punkte*. Als Hauptwerke gelten sodann *De signatura rerum – Von der Geburt und Bezeichnung aller Wesen* (1622), die Anfang 1623 geschriebene Abhandlung *Von der Gnadenwahl* und später der 900 Seiten umfassende Genesis-Kommentar *Mysterium magnum*. Dazu kommen weitere elf kleinere theoretische, elf praktische oder meditativ-erbaulich gehaltene Schreiben sowie eine Reihe polemisch-apologetischer Schriften, die das Gesamtwerk vervollständigen. Diese zuletzt genannten Titel geben einen Einblick in das geistige Ringen, das durch die Kritik und die offene Polemik seiner Kontrahenten an Spannung und Schärfe noch zugenommen hat.

Zwischen 1621 und seinem Todesjahr 1624 geht Jakob Böhme sechsmal auf Reisen, die ihn durch Schlesien und bis nach Prag führen. So wurde er Zeuge, als während des Dreißigjährigen Kriegs der „Winterkönig" Friedrich V. von der Pfalz auf der Prager Burg Einzug hielt – für einen kleinen Handwerker von der Statur Jakob Böhmes eine außerordentliche Begebenheit! Die an seine Leser, Fragesteller, Kopisten und sonstige Zeitgenossen gerichteten „Theosophischen Sendbriefe" nehmen mehrmals Bezug auf beabsichtigte und tatsächliche Begegnungen. Breslau, Striegau, Glogau, Bunzlau, Liegnitz, Schloss Pillnitz bei Dresden stehen auf seiner Reiseroute.

Die Schmähungen und Verfolgungen, in die auch die Familienangehörigen einbezogen sind, haben sich selbst noch über Tod und Grab hinaus fortgesetzt. Anfang November 1624 kehrt Böhme schwer krank von seiner letzten Reise nach Görlitz zurück. Von Freunden unterstützt, betreut der Stadtarzt Tobias Kober den Erkrankten. Auf dem Sterbebett muss sich der Todkranke noch einem Glaubensverhör der örtlichen „Geistlichkeit" unterziehen, um nach der Beichte die Absolution und das heilige Abendmahl zu erhalten.

Am 17. November 1624 stirbt der etwa 49-jährige Jakob Böhme in seinem Görlitzer Haus an der Neißebrücke. Da sich der zuständige Oberpfarrer Nikolaus Thomas, Nachfolger seines verstorbenen Widersachers Gregorius Richter, weigert, die Beerdigung des umstrittenen Gemeindeglieds vorzunehmen, muss der Arzt Tobias Kober durch Stadtratsbeschluss die Durchführung des Trauergottesdienstes erzwingen. Schließlich zerstört der aufgehetzte Pöbel der Stadt das von Freunden gestiftete Grabkreuz auf dem Friedhof neben der Nikolaikirche, wo man heute das Grab Jakob Böhmes findet.

II. Die Texte[9]

1. Aurora oder Morgenröte im Aufgang

1. Kapitel

Die ersten Zeilen der „Aurora" machen mit der Eigenart Böhme'schen Denkens und Anschauens bekannt. Nur der von Gott „angezündete", das heißt der erweckte Menschengeist vermag das göttliche Wesen zu erfassen, das in der Schöpfung transparent wird. Das entspricht einer Absage an jeglichen Erkenntnispessimismus. Böhme stützt sich auf die Fähigkeit seiner Sinne und auf die eigene Erfahrung. Angesichts der „Kräfte der Natur" eröffnet sich dem Erweckten das Geheimnis Gottes. Goethe prägte das Wort vom „offenbaren Geheimnis". Und diese Bemühung bezieht auch die Einsicht in die Gegensatzstruktur ein, die alles Daseiende durchwaltet (Kap. 1,2). Dieses Gegenüber der als Dynamik aufgefassten „zwei Qualitäten", der guten und der bösen, begreift er als einen spannungsvollen Prozess, als ein „Ringen". Gleichzeitig richtet er seinen Blick auf die durch diese

9 Die hier gebotenen Böhme-Texte folgen der von Will-Erich Peuckert herausgegebenen elfbänden Werkausgabe von 1730 (Stuttgart 1955 ff.). Die normalisierte, der heutigen Rechtschreibung angeglichene Textgestalt entspricht in der Regel den von Gerhard Wehr herausgegebenen und kommentierten Schriften Böhmes (Frankfurt 1992 ff.; Neuausgaben in Vorbereitung durch den Marix Verlag Wiesbaden).

Struktur bestimmte Einheit. Damit ist eine dualistische Aufspaltung der einen Wirklichkeit abgewehrt.

1.Wiewohl Fleisch und Blut das göttliche Wesen nicht ergreifen kann, sondern der Geist, wenn er von Gott erleuchtet und angezündet wird; so man aber will von Gott reden, was Gott sei, so muss man fleißig erwägen die Kräfte in der Natur, dazu die ganze Schöpfung, Himmel und Erden, sowohl Sternen und Elementa und die Kreaturen, so aus denselben sind herkommen, sowohl auch die heiligen Engel, Teufel und Menschen, auch Himmel und Hölle.

2. In solcher Betrachtung findet man zwo Qualitäten, eine gute und eine böse, die in dieser Welt in allen Kräften, in Sternen und Elementen, sowohl in allen Kreaturen ineinander sind wie *ein* Ding, und bestehet auch keine Kreatur im Fleische in dem natürlichen Leben, sie haben denn beide Qualitäten in sich.

3. Allhier muss man nun betrachten, was das Wort „Qualität" heißt oder ist. Qualität ist die Beweglichkeit, Quallen oder Treiben eines Dinges, als da ist die Hitze, die brennet, verzehret und treibet alles, das in sie kommt, das nicht ihrer Eigenschaft ist. Hinwiederum erleuchtet und erwärmet sie alles, was da ist kalt, nass und finster, und machet das Weiche hart. Sie hat aber noch zwo Species in sich, als nämlich das Licht und die Grimmigkeit, davon zu merken ist.

4. Das Licht oder das Herze der Hitze ist an ihm [sich][10] selber ein lieblich, freudenreicher Anblick, eine Kraft des Lebens, eine Erleuchtung und Anblick *eines* Dinges, das da ferne ist, und ist ein Stück oder Quell der himmlischen

10 Das in Klammern gesetzte Wort dient dem Verständnis des vorausgehenden.

Freudenreich. Denn es machet in dieser Welt alles lebendig und beweglich, alles Fleisch, sowohl Bäume, Laub und Gras wächset in dieser Welt in Kraft des Lichts und hat sein Leben darinnen als in dem Guten.

5. Hinwiederum hat sie in sich die Grimmigkeit, dass sie brennet, verzehret und verderbet; dieselbe Grimmigkeit quellet, treibet und erhebet sich in dem Licht und machet das Licht beweglich, ringet und kämpfet miteinander in seinem zweifachen Quell als *ein* Ding. Es ist auch *ein* Ding, aber es hat einen zweifachen Quell.

6. Das Licht bestehet in Gott ohne Hitze, aber in der Natur bestehet es nicht; denn in der Natur sind alle Qualitäten ineinander wie *eine* Qualität nach Art und Weise, wie Gott alles ist und wie von ihm alles herkommt und ausgehet: Gott ist das Herze oder Quellgrund der Natur, aus ihm alles herrühret.

7. Nun herrschet die Hitze in allen Kräften in der Natur und erwärmet alles und ist ein Quell in allem; sonst wo das nicht wäre, so wäre das Wasser viel zu kalt und die Erde erstarrete, auch so wäre keine Luft nicht.

8. Die Hitze herrschet in allem, in Bäumen, Kraut und Gras. Darum heißt sie eine Qualität, dass sie in allem quillet und alles erhebet …

2. Kapitel

Die nicht linear, sondern spiralartig voranschreitende Denkbewegung Böhmes tritt bereits in den ersten Abschnitten der „Aurora“ in Erscheinung, indem Böhme seine Rede von den Qualitäten nochmals aufnimmt und weiterführt. Der Leser muss sich darauf einstellen, dass er häufigen Wiederholungen begegnet. Das entspricht einem meditativen Vor-

gehen. Es gilt, das Dargestellte nicht nur einmal, sondern wieder und wieder betrachtend vor sich hinzustellen. Alle Schöpfung ist vom „zweifachen Trieb" durchpulst (2,2 – 5). Repräsentiert ist er einerseits durch „die heiligen Engel", andererseits durch die „grimmigen Teufel".

Mensch und Welt entsprechen einander. Von daher gewinnt Böhme Gleichnisbilder für seine Gotteserkenntnis. Doch muss er einräumen, dass die göttliche Dreifaltigkeit als solche letztlich unbegreiflich bleibt (2,17). Sie ist transzendent; Böhme nennt dies „die Tiefe". Um in den „ganzen Gott" (2,33) einzudringen, ist es ohnehin nötig, dass der Mensch bemüht ist, ein höheres Bewusstseinsniveau zu erreichen. Zum Ende des Kapitels (2,46) weist der Schreiber darauf hin, es sei der Wille Gottes, „in dieser letzten Zeit" etwas von dem zu offenbaren, was bisher verborgen war. Er versteht sich also als Prophet, dem es aufgetragen ist, in seiner Zeit als in der Zeit einer fortschreitenden Reformation bisher Verborgenes kundzugeben, wiewohl er „nur ein Fünklein" sei.

1. Dieses alles, wie oben erzählet, heißt darum Qualität, dass es alles in der Tiefe über der Erden, auf der Erden und in der Erden ineinander qualifizieret wie *ein* Ding, und hat doch mancherlei Kraft und Wirkung, aber nur *eine* Mutter, daraus alles Ding herkommt und quillet. Und alle Kreaturen sind aus diesen Qualitäten gemacht und herkommen und leben darinnen als in ihrer Mutter. Auch so hat die Erde und Steine daraus sein Herkommen und alles, was aus der Erden wächset, das lebet und quillet aus der Kraft dieser Qualitäten. Das kann kein vernünftiger Mensch verneinen.

2. Dieser zweifache Quell, bös und gut in allen Dingen, rühret alles aus den Sternen her; denn wie die Kreaturen

auf Erden sind in ihrer Qualität, also auch die Sterne. Denn durch seinen zweifachen Quell hat alles seine große Beweglichkeit, Laufen, Rennen, Quellen, Treiben und Wachsen.

3. Denn die Sanftmut in der Natur ist eine stille Ruhe, aber die Grimmigkeit in allen Kräften machet alles beweglich, laufend und rennend, dazu gebärend. Denn die treibenden Qualitäten bringen Lust in alle Kreaturen zum Bösen und zum Guten, dass sich alles untereinander begehret, vermischet, zunimmt, abnimmt, schön wird, verdirbet, liebet, feindet.

4. Es ist in allen Kreaturen in dieser Welt ein guter und böser Wille und Quell, in Menschen, Tieren, Vögeln, Fischen, Würmern, sowohl auch in allem dem, was da ist, in Gold, in Silber, Zinn, Kupfer, Eisen, Stahl, Holz, Kraut, Laub und Gras, sowohl in der Erden, in Steinen, im Wasser und in allem, was man forschen kann.

[...]

17. Nicht musst du denken, dass in dem Corpus der Sterne sei die ganze triumphierende heilige Dreifaltigkeit: Gott Vater, Sohn und Hl. Geist, in welchen ist kein Böses, sondern ist der lichtheilige, ewige Freudenquell, der unzertrennlich und unveränderlich ist, das keine Kreatur genug ergreifen oder aussprechen kann, welcher wohnet und ist über dem Corpus der Sterne in sich selbst; seine Tiefe kann keine Kreatur ermessen.

[...]

32. Hier musst du nun sehen über und außer die Natur in die lichtheilige, triumphierende, göttliche Kraft, in die un-

veränderliche Hl. Dreifaltigkeit. Die ist ein triumphierend, quallend, beweglich Wesen, und sind alle Kräfte darinnen wie in der Natur. Denn das ist die ewige Mutter der Natur, davon Himmel, Erden, Sternen, Elementa, Engel, Teufel, Menschen, Tiere und alles worden ist und darinnen alles stehet.

33. So man nennet Himmel und Erden, Sternen und Elementa und alles, was darinnen ist, und alles, was über allen Himmeln ist, so nennet man hiermit den ganzen Gott, der sich in diesen ob[en] erzählten Wesen in seiner Kraft, die von ihm ausgehet, also kreatürlich gemacht hat.

34. Gott aber in seiner Dreifaltigkeit ist unveränderlich, sondern alles, was da ist im Himmel und auf Erden und über der Erde, das hat seinen Quell und Ursprung von der Kraft, die von Gott ausgehet.

35. Nicht musst du denken, dass darum in Gott Böses und Gutes quälle oder sei, sondern Gott ist selber das Gute und hat auch den Namen von dem Guten, die triumphierende ewige Freude. Allein alle Kräfte gehen aus ihm aus, die du in der Natur erforschen kannst und die in allen Dingen sind.

[...]

44. Aus den Kräften Gottes ist worden der Himmel; aus dem Himmel sind worden die Sterne; aus den Sternen sind worden die Elementa; aus den Elementen ist worden die Erde und die Kreaturen. Also hat alles seinen Anfang bis auf die Engel und Teufel, die sind vor der Schöpfung Himmels und der Sterne und Erden aus derselben Kraft worden, daraus Himmel und Sterne und Erde worden ist.

45. Dieses ist also ein kurzer Eingang oder Anleitung, wie man das göttliche und natürliche Wesen betrachten

soll. Hinfürder will ich nun den rechten Grund und Tiefe beschreiben, was Gott sei und wie im Wesen Gottes alles beschaffen ist.

46. Dieses ist zwar von der Welt her ein Teil verborgen blieben, und hat es der Mensch mit seiner Vernunft nicht können fassen. Weil sich aber Gott in der Einfalt[ung] in dieser letzten Zeit will offenbaren, lasse ich seinen Trieb und Willen walten; ich bin nur ein Fünklein. Amen.

3. Kapitel

Wie nah Gott seiner Schöpfung sei, zeigt sich (3,2 ff.) in der Gottesbedürftigkeit des Menschen nach Leib und Seele. Böhme unterscheidet den überirdisch-himmlischen und den „natürlichen Vater". So geht der Philosophus teutonicus einem bisweilen anzutreffenden Missverständnis aus dem Weg, wonach Gott und Natur letztlich identisch seien. Aber Mensch und Welt sind für ihn in Gott aufgehoben.

Auch der Gottessohn wird aus den Wesenheiten und Qualitäten der Natur erkannt, nämlich als Licht, als Liebe, Freude und als das Herz des Vaters, symbolisiert und vertreten durch die Sonne. Besonders bemerkenswert ist die Mitteilung, wonach die Geburt des Sohnes als ein fortdauernder Prozess (3,22 f) begriffen wird. Der Hl. Geist wird wiederum unter dem Gesichtspunkt des Dynamischen beschrieben als die in allem „wallende Kraft Gottes".

Im folgenden 3. Kapitel legt Böhme seine Deutung des offenbar gewordenen Gottes als Vater, Sohn und Heiliger Geist vor.

Wichtig ist für Jakob Böhme die Feststellung, dass letztlich nicht er der eigentliche Autor ist, sondern der Geist Gottes. Für das, was dem Schreiber auf diesem Weg anver-

traut ist, hat der Leser eine geistgemäße Einstellung nötig. Spirituelles verlangt eine spirituelle Verfassung und Interpretationsweise. Unausgesprochen folgt Böhme dem Wort des Apostels Paulus (1 Kor 2,12 ff.), wonach geistliche Dinge (pneumatika) vom Geist Gottes (pneuma tou theou) her zu beurteilen seien; der natürliche Mensch sei dagegen hierzu gar nicht befähigt, obwohl Böhmes Gottesbild gleichsam der Natur abgeschaut ist. Auf diesem Weg möchte Böhme schließlich (3,36) dahin kommen, die göttliche Dreifaltigkeit in den Phänomenen der natürlichen Welt widergespiegelt zu sehen. Er spricht später von den drei Prinzipien göttlichen Wesens in der Schöpfung.

1. Günstiger Leser, allhier will ich dich treulich vermahnet haben, dass du deinen Dünkel fahren lässest und dich nicht nach heidnischer Weisheit vergaffest, dich auch an der Einfalt des Autoris nicht ärgerst; denn das Werk ist nicht seiner Vernunft, sondern des Geistes Trieb. Schaue du nur, dass du den Hl. Geist, der von Gott ausgehet, in deinem Geiste habest. Der wird dich in alle Wahrheit leiten und sich dir offenbaren. Alsdann wirst du in seinem Licht und Kraft wohl sehen bis in die Hl. Dreifaltigkeit, und verstehen, was hiernach geschrieben steht.

2. Als unser Heiland Jesus Christus seine Jünger lehrete beten, so sprach er, wenn ihr wollet beten, so sprecht: Unser Vater, der du bist im Himmel [Mt 6,9]. – Dies hat nicht den Verstand, dass der Himmel könnte den Vater begreifen oder umfassen, denn er ist selber aus der göttlichen Kraft gemacht.

3. Denn Christus spricht: Mein Vater ist größer als alle [Joh 10,29] und im Propheten spricht Gott: Der Himmel ist mein Stuhl und die Erde ist mein Fußschemel [Jes 66,1]. Item

[Desgleichen]: Was wollt ihr mir für ein Haus bauen? Ich umfasse den Himmel mit einer Spanne und den Erdboden mit einem Dreiling [Jes 40,12]. Item: In Jakob will ich wohnen und Israel soll meine Hütte sein [Ps 135,4; Sir 24,13].

[…]

6. Er ist aber darum unser himmlischer Vater, dass unsere Seele sich stets nach ihm sehnet und ihn begehret. Ja, sie dürstet und hungert stets nach ihm. Der Himmel hungert und dürstet nach dem Vater der Natur, welche sind die Sterne und Elementa. Und derselbe Vater speiset und tränket sie auch mit seinem Hl. Geist und Freudenquell.

7. Nun aber haben wir nicht zwei Väter, sondern nur einen: der Himmel ist aus seiner Kraft gemacht und die Sterne aus seiner Weisheit, die in ihm ist, die von ihm ausgehet.

8. Wenn man nun betrachtet die ganze Natur und ihre Eigenschaft, so siehet man den Vater. Wenn man anschauet den Himmel und die Sterne, so siehet man seine ewige Kraft und Weisheit. Also viele Sterne unter dem Himmel stehen, die doch unzählig und der Vernunft unbegreiflich, auch ein Teil unsichtlich sind, also viel und mancherlei ist Gottes des Vaters Kraft und Weisheit.

9. Es hat aber ein jeder Stern am Himmel eine andere Kraft und Qualität als die anderen, welche auch machen so vielerlei Unterscheid in und unter den Kreaturen auf Erden in dem ganzen Geschöpfe. Nun aber herrühren alle Kräfte, die in der Natur sind, aus Gott, dem Vater, alles Licht, Hitze, Kälte, Luft, Wasser und alle Kräfte der Erden; bitter, sauer, süß, herbe, hart, weich und das man nicht erzählen kann, das hat alles seinen Ausgang vom Vater.

[...]

11. Nicht musst du denken, dass Gott im Himmel und über dem Himmel etwa stehe und walle wie eine Kraft und Qualität, die keine Vernunft und Wissenschaft in sich habe, wie die Sonne. Die läuft an ihrem Zirk [Kreis] herum und schüttet von sich die Hitze und das Licht, es bringe gleich der Erde und den Kreaturen Schaden oder Frommen [Nutzen], welches denn freilich geschähe, so die andern Planeten und Sterne nicht wehreten. Nein, so ist der Vater nicht, sondern ist ein allmächtiger, allweiser, allwissender, allsehender, allhörender, allriechender, allfühlender, allschmeckender Gott, der da ist in sich sanft, freundlich, lieblich, barmherzig und freudenreich, ja die Freude selber.

12. Er ist aber von Ewigkeit zu Ewigkeit also unveränderlich. Er hat sich in seinem Wesen noch nie verändert, wird sich auch in alle Ewigkeit nicht verändern. Er ist von nichts herkommen oder geboren, sondern ist selber alles in Ewigkeit. Und alles, was da ist, das ist von seiner Kraft worden, die von ihm ausgehet. Die Natur und alle Kreaturen sind aus seiner Kraft worden, die von ihm ist von Ewigkeit ausgangen. Seine Weite, Höhe und Tiefe kann keine Kreatur, auch kein Engel im Himmel erforschen, sondern die Engel leben in des Vaters Kraft ganz sanft und freudenreich, und singen immer in des Vaters Kraft.

13. So man nun will Gott, den Sohn, sehen, so muss man abermals natürliche Dinge anschauen, sonst kann ich nicht von ihm schreiben. Der Geist siehet ihn wohl, aber man kann es nicht reden oder schreiben, denn das göttliche Wesen stehet in Kraft, die sich nicht schreiben oder reden lässet. Müssen derowegen Gleichnisse vor uns nehmen, wenn wir wollen von Gott reden, denn wir leben in dieser Welt im

Stückwerk und sind aus Stückwerk gemacht worden. Will [ich] derowegen den Leser in jenes Leben zitieret haben, da will ich eigentlicher und klarer mit ihm von diesem hohen Artikel reden. Es wolle der liebhabende Leser derweil auf des Geistes Sinn sehen, so wirds nicht fehlen. Er wird auch ein Kräftlein davon bekommen, so ihn nur hungert. Nun merke: Es sprechen die Türken [Muslime] und Heiden, Gott habe keinen Sohn. Allhier tut die Augen recht auf und macht euch nicht selber stockblind, so werdet ihr den Sohn sehen!

14. Der Vater ist alles und alle Kraft besteht in dem Vater. Er ist der Anfang und das Ende aller Dinge, und außer ihm ist nichts; und alles, was da worden ist, das ist aus dem Vater worden. Denn vor Anfang der Schöpfung der Kreaturen war nichts als nur allein Gott, und wo nun nichts ist, daraus wird nichts. Alles Ding muss eine Ursache oder Wurzel haben, sonst wird nichts. Nun aber musst du nicht denken, dass der Sohn ein anderer Gott sei als der Vater. Du darfst auch nicht denken, dass der Sohn außer dem Vater sei und sei ein besonderer Teil, als wenn zwei Männer nebeneinander stehen, da einer den andern nicht begreift. Nein, eine solche Substanz hat es nicht mit dem Vater und dem Sohne, denn der Vater ist nicht ein Bild, mit etwas zu vergleichen, sondern der Vater ist der Brunnquell aller Kräfte, und sind alle Kräfte ineinander wie *eine* Kraft. Darum heißt er auch ein *einiger* Gott, sonst wo seine Kräfte zertrennt wären, so wäre er nicht allmächtig. Nun aber ist er der selbstständige, allmächtige und allkräftige Gott.

15. Der Sohn aber ist das Herze in dem Vater. Alle Kräfte, die in dem Vater sind, die sind des Vaters Eigentum; und der Sohn ist das Herze oder der Kern in allen Kräften in dem ganzen Vater. Er ist aber die Ursache der quellenden

Freuden in allen Kräften in dem ganzen Vater. Von dem Sohn, der da ist des Vaters Herze in allen seinen Kräften, steiget auf die ewige himmlische Freude und quillet in allen Kräften des Vaters. Eine solche Freude, die kein Auge gesehen und kein Ohr gehöret hat und in keines Menschen Herze nie gestiegen ist, wie St. Paulus sagt [1 Kor 2,9].

16. So aber ein Mensch allhier auf Erden mit dem Hl. Geist erleuchtet wird aus dem Brunnquell Jesu Christi, dass die Geister der Natur, welche bedeuten den Vater, angezündet [erleuchtet] werden, so gehet eine solche Freude in seinem Herzen auf in alle Adern, dass der ganze Leib zittert und der animalische Geist triumphieret, als wäre er in der Hl. Trinität, welches allein die verstehen, die an dem Orte sind zu Gaste gewesen.

[...]

19. Nun merke: Die Sonne gehet mitten in der Tiefe zwischen den Sternen in dem runden Zirk [Kreis], und sie ist das Heer der Sterne und gibt allen Sternen Licht und Kraft, und temperieret aller Sterne Kraft, dass alles fein lieblich und freudenreich wird. Auch so erleuchtet sie den Himmel, die Sterne und die Tiefe über der Erde, und wirket in allen Dingen, was in dieser Welt ist, und ist der König und das Herze aller Dinge in dieser Welt, und die bedeutet recht Gott den Sohn.

20. Denn gleichwie die Sonne mitten zwischen den Sternen und Erden stehet und erleuchtet alle Kräfte und ist das Licht und Herze aller Kräfte und alle Freude in dieser Welt, dazu alle Schönheit und Lieblichkeit stehet in der Sonne Licht und Kraft, also auch der Sohn Gottes in dem Vater. Der ist das Herze in dem Vater und leuchtet in allen Kräften

des Vaters. Und seine Kraft ist die bewegliche, quellende Freude in allen Kräften des Vaters, und leuchtet in dem ganzen Vater gleichwie die Sonne in der ganzen Welt …

[…]

24. Gott, der Hl. Geist, ist die dritte Person in der triumphierenden hl. Gottheit und gehet vom Vater und Sohne aus der heilige wallende Freudequell in dem ganzen Vater, ein lieblich, sanftes und stilles Sausen aus allen Kräften des Vaters und des Sohnes, wie beim Propheten Elia am Berge Horeb [1 Kön 19,12] und am Pfingsttage bei den Aposteln Christi zu sehen ist [Apg 2,2].

25. So man aber seine Person, Substanz und Eigenschaft aus rechtem Grund beschreiben will, so muss man auch im Gleichnis vorbilden; denn den Geist kann man nicht [be] schreiben, dieweil er keine Kreatur ist, sondern die wallende Kraft Gottes.

26. Nun siehe aber einmal die Sonne und Sterne an, die manch- und vielerlei Sterne, die unaussprechlich oder unzählig sind, die bedeuten den Vater. Aus denselben Sternen ist worden die Sonne, denn Gott hat sie daraus gemacht, die bedeuten den Sohn Gottes. Nun sind von der Sonne und Sternen worden die vier Elementa: Feuer, Luft, Wasser, Erde, wie ich hernach klar beweisen will, wenn ich von der Schöpfung schreiben werde.

27. Nun merke: Die drei Elementa: Feuer, Luft und Wasser, die haben dreierlei Bewegung oder Qualifizierung, aber nur ein Corpus. Siehe, das Feuer oder Hitze empöret [erhebt] sich aus der Sonne und Sternen. Und aus der Hitze empöret sich die Luft, und aus der Luft das Wasser. Und in dieser Bewegung oder Qualifizierung steht aller Kreaturen

Leben und Geist, auch alles, was in dieser Welt genannt mag werden, das bedeutet den Hl. Geist.

28. Hier merke das tiefe Geheimnis: Alle Sterne, die man siehet und nicht siehet, die bedeuten die Kraft Gottes des Vaters. Nun aus denselben Sternen ist geboren die Sonne. Die ist das Herze aller Sterne. Nun gehet aus allen Sternen aus die Kraft, die in jedem Sterne ist, in die Tiefe. Nun gehet der Sonne Kraft, Hitze und Schein auch in die Tiefe. Und in der Tiefe ist aller Sterne Kraft mit der Sonne Schein und Hitze *ein* Ding, eine bewegende Wallung …

[…]

31.Gleichwie in den vier Elementen ist der Sonne und aller Sterne Kraft und Glanz, also auch in der ganzen Tiefe des Vaters. Und das ist und heißt recht der Hl. Geist, der die dritte selbstständige Person ist in der Gottheit.

32. Wenn man nun redet und schreibet von drei Personen in der Gottheit, so darfst du nicht denken, dass darum drei Götter sind, da ein jeder für sich herrschet und regieret gleich den irdischen Königen auf Erden. Nein, eine solche Substanz und Wesen hat es nicht in Gott, denn das göttliche Wesen stehet in Kraft und nicht im Leibe oder Fleische.

33. Der Vater ist die ganze göttliche Kraft, daraus alle Kreaturen worden sind. Und ist von Ewigkeit immer gewesen. Er hat keinen Anfang noch Ende. Der Sohn ist in dem Vater des Vaters Herze oder Licht. Und der Vater gebäret den Sohn von Ewigkeit zu Ewigkeit immerdar. Und des Sohnes Kraft und Glanz leuchtet wider in dem ganzen Vater, gleichwie die Sonne in der ganzen Welt.

34. Und ist der Sohn eine andere Person als der Vater, aber nicht außer dem Vater, und auch kein anderer Gott als

der Vater. Seine Kraft, Glanz und Allmacht ist nicht kleiner als der ganze Vater.

35. Der Hl. Geist gehet vom Vater und Sohne aus und ist die dritte selbstständige Person in der Gottheit. Gleichwie die Elementa in dieser Welt von der Sonne und Sternen ausgehen und sind der bewegliche Geist in allen Dingen in dieser Welt. Also auch ist der Hl. Geist der bewegliche Geist in dem ganzen Vater und gehet von Ewigkeit zu Ewigkeit immer von dem Vater und Sohne aus und erfüllet den ganzen Vater. Er ist nicht kleiner oder größer als der Vater und Sohn. Seine webende Kraft ist in dem ganzen Vater.

36. Alles Ding in dieser Welt ist nach dem Gleichnis dieser Dreiheit worden. Ihr blinden Juden, Türken und Heiden, tut die Augen eures Gemütes auf! Ich muss euch an eurem Leibe und allen natürlichen Dingen zeigen, an Menschen, Tieren, Vögeln und Würmern, sowohl an Holz, Steinen, Kraut, Laub und Gras das Gleichnis der Hl. Dreiheit in Gott.

19. Kapitel

Dieses Kapitel nimmt in der „Morgenröte im Aufgang“ eine besondere Stellung ein. Denn da (19,5 – 13) versucht Böhme darzustellen, wie es ihm mit seinem Initiationserleben ergangen ist. Naturgemäß muss er sich auch hier der Bild- und Gleichnissprache bedienen. Dabei gewinnt man den Eindruck, dass er aus einer anhaltenden großen Ergriffenheit heraus das damals Erfahrene niederschreibt, obwohl zwischen dem Erlebnis des 25-Jährigen und der Aufzeichnung volle zwölf Jahren vergangen sind. Eine Ergänzung seiner Eindrücke bietet das 25. Kapitel, in dem Böhme weitere Auskünfte über seine Beschäftigung mit der zeitgenössischen

Natursicht und deren Ergänzungsbedürftigkeit durch die ihm eigene theosophische Betrachtungsweise gibt.

Gleichzeitig spielt die Zeitalterproblematik in die Existenz des Görlitzer Schusters hinein. Es ist der kopernikanische Schock, der ihn besorgt fragen lässt, wo denn jetzt der „rechte Himmel" sei, jener Himmel, der der Ziel- und Sehnsuchtsort eines frommen Christen des 17. Jahrhunderts ist, und dies wenige Jahre vor Anbruch des Dreißigjährigen Kriegs. Die Kirchenlied-Dichtungen seines Zeitgenossen Paul Gerhardt (1607 – 1676) und die Choräle in den Kantaten und Passionen von Johann Sebastian Bach stellen die spirituelle Begleitmusik zu Böhmes Geständnis dar, das er zur Sprache bringt. Ein vom Ansturm des Geistes Überwältigter legt Zeugnis ab. Zugleich kann er als Dichter gelesen werden, der sich und seinen Lesern in biblischer Bildsprache die Dramatik von Gott und Natur erstehen lässt.

Dabei wird er einmal mehr des großen Geschenks gewahr, „an allen Kreaturen" Gott erkennen zu können. Ein weiterer von dieser Innenerfahrung nicht zu trennender Aspekt ist zu nennen. Es ist der in dem Erleuchtungserleben „mit großem Trieb" gewachsene Wille, „das Wesen Gottes zu beschreiben" (19,13). Es ist ihm aufgegangen, dass der von ihm erfragte rechte Wille „allenthalben" gegenwärtig sei. Freilich sind die Dimensionen und Sphären der Wirklichkeit zu unterscheiden.

So unterscheidet er die „äußerste Geburt", das heißt die Erscheinung der Physis, sodann die „siderische", kosmische Geburt des Lebendigen, schließlich die innerste oder „dritte heilige Geburt". Sie öffnete sich ihm. Was er in der „äußersten Geburt" (19,53) in Gestalt der Sinneswahrnehmung nicht zu fassen vermochte, das hat sich ihm dann von innen her als eine spirituelle Tatsache erschlossen.

Wichtig ist ihm nun, dass die in ihrer physischen Sphäre der Vergänglichkeit unterworfene Natur in ihrem Inneren (dem „Centrum") das Geheimnis der Anwesenheit Gottes birgt (19, 65). Hier kommt für ihn der erweckte „animalische" oder Seelengeist des Menschen zum Zug. Hinzu tritt der kosmische Aspekt, wonach die aus ihrem lichten Ursprung gefallene Erde wieder lebendig werden möge (19,64). So ist die „Wiederbringung" des Verlorenen für Böhme kein bloß dogmatischer Glaubenssatz, sondern eine durch das individuelle Erwecktwerden gestützte Gewissheit. Und auf den Erweckungsvorgang kommt es dabei ganz entscheidend an. Es genügt demnach nicht, lediglich spirituelle Inhalte nur wissensmäßig aufzunehmen, wie man vorher vielleicht dogmatischen Lehren zugestimmt haben mag. In seinen späteren Büchern kommt Böhme darauf zu sprechen, dass der Mensch „von Neuem geboren werden" müsse. Hier liegt die maßgebende Erkenntnisvoraussetzung!

Letztlich signalisiert die als Erweckung des Menschen zu verstehende „Morgenröte" den Durchbruch in die „innerste Geburt" des Seins (19,82). Auf sie kommt es bei jedem Einzelnen an. Diese Erneuerung ist aber nach Böhmes Verständnis auch dem ganzen Zeitalter aufgetragen. Deshalb kann er an anderer Stelle (11,43) sagen: „Siehe, ich sage dir ein Geheimnis: Es ist schon die Zeit, dass der Bräutigam seine Braut krönet ..." Das entspricht einem Hinweis auf den bedeutsamen Anbruch der Endzeit, in der sich Christus mit seiner Braut, der Menschheit, verbindet.

1. Der rechte Himmel, welcher ist unser menschlicher eigener Himmel, da die Seele hinfähret, wenn sie vom Leibe scheidet – und da Christus unser König ist eingegangen und von daher er von seinem Vater kommen und geboren ist –,

ist bisher den Kindern der Menschen fast [sehr] verborgen gewesen, und haben mancherlei Meinung gehabt.

2. Es haben sich die Gelehrten darum gekratzet [gestritten] mit vielen seltsamen Schreiben, und sind einander in die Haare gefallen mit Schmähen und Schänden, dadurch dann der heilige Name Gottes ist geschändet und der heilige Himmel mit diesem Lästern und Anfeinden entheiliget worden.

3. Es haben die Menschen je und allerwege gemeinet, der Himmel sei viel hundert oder tausend Meilen von diesem Erdenboden, und Gott wohne allein in demselben Himmel. Es haben auch etliche Physici [Forscher] sich unterstanden, dieselbe Höhe zu messen und gar seltsame Dinge herfürbracht.

4. Zwar ich habe es selbst vor dieser meiner Erkenntnis und Offenbarung Gottes dafür gehalten, dass das allein der rechte Himmel sei, der sich mit seinem runden Zirk [Kreisbogen] ganz lichtblau hoch über den Sternen schleußt, in Meinung, Gott habe allein darinnen sein sonderliches Wesen und regiere nur allein in Kraft seines Hl. Geistes in dieser Welt.

5. Als mir aber dieses gar manchen harten Stoß gegeben hat, ohne Zweifel von dem Geiste, der da Lust zu mir hat gehabt, bin ich endlich gar in eine harte Melancholei und Traurigkeit geraten, als ich anschauete die große Tiefe dieser Welt, dazu die Sonne und Sterne, sowohl die Wolken, dazu Regen und Schnee, und betrachtete in meinem Geiste die ganze Schöpfung dieser Welt.

6. Darinnen ich dann in allen Dingen Böses und Gutes fand, Liebe und Zorn, in den unvernünftigen Kreaturen als in Holz, Steinen, Erden und Elementen sowohl als in Menschen und Tieren.

7. Dazu betrachtete ich das kleine Fünklein des Menschen, was er doch gegen diesem großen Werke Himmels und Erden vor Gott möchte geachtet sein.

8. Weil ich aber befand, dass in allen Dingen Böses und Gutes war, in den Elementen sowohl als in den Kreaturen, und dass es in dieser Welt dem Gottlosen so wohl ginge als dem Frommen, auch dass die barbarischen Völker die besten Länder inne hätten und dass ihnen das Glück noch wohl beistünde als den Frommen,

9. [so] ward ich derowegen ganz melancholisch und hoch betrübet, und konnte mich keine Schrift trösten, welche mir doch fast [sehr] wohl bekannt war; dabei dann gewisslich der Teufel nicht wird gefeiert haben, welcher mir dann oft heidnische Gedanken einbleuete [eintrichterte], derer ich allhier verschweigen will.

10. Als sich aber in solcher Trübsal mein Geist – denn ich wenig und nichts verstund, was er war – ernstlich in Gott erhub, als mit einem großen Sturme, und mein ganz Herz und Gemüte samt allen andern Gedanken und Willen sich alles dareinschloss, ohne Nachlassen, mit der Liebe und Barmherzigkeit Gottes zu ringen, und nicht nachzulassen, er segnete mich denn, das ist: er erleuchtete mich denn mit seinem Hl. Geiste, damit ich seinen Willen möchte verstehen und meiner Traurigkeit los werden – *so brach der Geist durch*.

11. Als ich aber in meinem angesetzten Eifer also hart wider Gott und aller Höllen Porten stürmete, als wären meiner Kräfte noch mehr vorhanden, in willens, das Leben daran zu setzen – welches freilich nicht mein Vermögen wäre gewesen ohn des Geistes Gottes Beistand – alsbald nach etlichen harten Stürmen ist mein Geist durch der Höllen Porten durchgebrochen bis in die innerste Geburt der

Gottheit und allda mit Liebe umfangen worden, wie ein Bräutigam seine liebe Braut umfähet [umfängt].

12.Was aber für ein Triumphieren im Geiste gewesen, kann ich nicht schreiben oder reden. Es lässt sich auch mit nichts vergleichen als nur mit dem, wo mitten im Tode das Leben geboren wird, und vergleicht sich der Auferstehung von den Toten.

13. In diesem Lichte hat mein Geist alsbald durch alles gesehen und an allen Kreaturen, sowohl an Kraut und Gras Gott erkannt, wer der sei und wie der sei und was sein Wille sei. Auch so ist alsbald in diesem Lichte mein Wille gewachsen mit großem Trieb, das Wesen Gottes zu beschreiben.

14. Weil ich aber nicht alsbald die tiefsten Geburten Gottes in ihrem Wesen konnte fassen und in meiner Vernunft begreifen, so hat sichs wohl zwölf Jahr verzogen[11], ehe mir ist der rechte Verstand gegeben worden, und ist gangen wie mit einem jungen Baume, den man in die Erde pflanzet, der ist erstlich jung und zart und hat ein freundlich Ansehen, sonderlich wenn er sich zum Gewächse wohl anlässet. Er trägt aber nicht alsbald Früchte; und ob er gleich blühet, so fallen sie doch ab. Es gehet auch mancher kalte Wind, Frost und Schnee darüber, ehe er erwächset und Frucht und Frucht träget.

15. Also ist diesem Geiste auch gangen: Das erste Feuer war nur ein Same, aber nicht immer beharrlich Licht. Es ist seit der Zeit mancher kalte Wind drüber gangen, aber der Wille ist nie verloschen.

16. Es hat sich dieser Baum auch oft versucht, ob er möchte Früchte tragen und sich mit Blühen erzeiget, aber

11 Es handelt sich um die zwölfjährige Frist, die zwischen dem Erlebnis und der Niederschrift der *Aurora* vergangen ist.

die Blüte ist von dem Baume abgeschlagen worden bis auf dato. Da stehet er in seiner ersten Frucht im Gewächse.

17. Von diesem Lichte habe ich nun meine Erkenntnis, dazu meinen Willen und Trieb, und will diese Erkenntnis nach meinen Gaben schreiben und es Gott walten lassen, und sollte ich gleich hiermit erzürnen die Welt, den Teufel und aller Höllen Porten, und will zusehen, was Gott damit meinet. Denn seinen Fürsatz bin ich viel zu schwach zu erkennen, obgleich der Geist etliche Dinge, die zukünftig sind, im Lichte zu erkennen gibt. So bin ich doch nach dem äußerlichen Menschen nach viel zu schwach, solches zu begreifen.

18. Aber der animalische [seelische; von lat.: anima] Geist, welcher mit Gott inqualliert [zusammenwirkt], der begreifts wohl, der tierische [physische] Leib aber krieget nur einen Blick davon, gleich als wenn es wetterleuchtet. Denn also stellet sich die innerste Geburt der Seelen, wenn sie durch die äußerste Geburt in Erhebung des Hl. Geistes durch die Porten der Höllen reißet. Aber die äußerste Geburt tut sich bald wieder zu, denn der Zorn Gottes verriegelt die Feste und hält sie in seiner Macht gefangen.

19. Alsdann ist die Erkenntnis des äußersten Menschen dahin und gehet in seiner trübseligen und ängstlichen Geburt um wie ein schwanger Weib, der die Wehe ankommt, und wollte immer gerne gebären, und kann doch nicht und ängstet sich immerdar.

20. Also gehets dem tierischen [natürlichen] Leibe auch: Wenn er einmal hat die Süßigkeit Gottes geschmecket, so hungert und dürstet ihn immerdar danach, aber der Teufel in Kraft des Zornes Gottes wehret sich trefflich, und muss ein Mensch in solchem Laufe nur immer in ängstlicher Geburt stehen und ist nichts den Kämpfen und Fechten in seinen Geburten.

21. Dieses habe ich nicht mir zum Lobe geschrieben, sondern dem Leser zum Trost, ob ihn vielleicht lüsterte [verlangte], auf meinem schmalen Stege mit mir zu wandern, dass er darum nicht verzweifele, wenn ihm die Porten der Höllen und des Zorns Gottes begegnen und unter Augen stoßen.

22. Wenn wir werden miteinander über diesen schmalen Steg der fleischlichen Geburt auf jene grüne Wiese kommen, da der Zorn Gottes nicht hinreicht, alsdann wollen wir uns dieses erlittenen Schadens wohl ergötzen [erfreuen], ob wir gleich jetzo müssen der Welt Narr sein und den Teufel in Kraft des Zornes Gottes lassen über uns herrauschen. Es lieget nicht daran, es wird uns in jenem Leben schöner anstehen, denn es ist gar eine kurze Zeit [bis] dahin, und ist nicht wert, dass es eine Zeit genannt wird.

23. Nun merke: Wenn du deine Gedanken von dem Himmel fassest, was der sei oder wo der sei, so darfst du deine Gedanken nicht viel tausend Meilen von hinnen schwingen, denn derselbe Locus [Ort] oder Himmel ist nicht dein Himmel. Und ob er gleich mit deinem Himmel verbunden ist wie *ein* Leib, und es ist auch nur *ein* Leib Gottes, so bist du doch nicht in demselben Loco [Ort], der über viel hunderttausend Meilen ist zur Kreatur worden, sondern in dem Himmel dieser Welt, die auch eine solche Tiefe in sich hat, dass keine menschliche Zahl ist.

24. Denn der rechte Himmel ist allenthalben, auch an dem Orte, wo du stehest und gehest. Wenn dein Geist die innerste Geburt Gottes ergreift und durch die siderische [gestirnte, kosmische] und fleischliche hindurchdringet, so ist er schon im Himmel.

25. Dass aber wahrhaftig ist, dass ein reiner, schöner Himmel in allen drei Geburten [Seinsebenen] über der Tiefe

dieser Welt sei, in welchem Gottes Wesen mitsamt den hl. Engeln ganz lauter, schön und freudenreich aufgehet, das ist unleugbar, und wäre der nicht aus Gott geboren, der solches verneinte.

26. Du sollst aber wissen, dass der Locus dieser Welt mit seiner innersten Geburt mit dem Himmel über uns inquallieret und ist ein Herze, ein Wesen, ein Willen, ein Gott, alles in allem. Dass aber der Locus dieser Welt nicht ein Himmel genennet wird und dass ein [Ver]Schluss zwischen dem obern Himmel über uns sei, das hat diesen Verstand:

27. Der obere Himmel begreift die zwei Königreiche [des] Micha-El und Uri-El und alle hl. Engel, die nicht mit dem Luzifer gefallen sind,[12] und derselbe Himmel ist blieben, wie er von Ewigkeit ist gewesen, ehe die Engel sind geschaffen worden.

28. Der andere Himmel ist diese Welt, in welchem der Luzifer ein König war. Der hat die äußerste Geburt in der Natur angezündet. Und das ist nun der Zorn Gottes und kann nicht Gott oder Himmel geheißen werden, sondern die Verderbung.

29. Darum schließt sich der obere Himmel in seiner äußersten Geburt also weit zu, also weit der Zorn Gottes reicht und so weit als das Regiment Luzifers hat gereicht, denn die verderbte Geburt kann die reine [lichte Welt] nicht begreifen.

30. Das ist: Die äußerste Geburt [physische Ebene] dieser Welt kann die äußerste Geburt des Himmels über dieser Welt nicht ergreifen, denn es ist wie das Leben und der Tod

12 Böhme übernimmt hier die Vorstellung, wonach Luzifer (wörtlich: Lichtträger) im Zusammenhang eines vorweltlichen kosmischen Falles aus seiner Lichtwelt in die Finsternis gestürzt sei.

gegeneinander oder wie ein Mensch und ein Stein gegeneinander.

31. Darum ist ein fester Schluss zwischen der äußersten Geburt des obern Himmels und dieser Welt. Denn die Feste zwischen ihnen ist der Tod. Der herrschet an allen Enden in der äußersten Geburt in dieser Welt, und damit ist die Welt verriegelt, dass die äußerste Geburt des obern Himmels nicht in die äußerste Geburt dieser Welt kann. Es ist eine große Kluft zwischen ihnen.

32. Und darum können wir die Engel in unserer äußersten Geburt nicht sehen, und die Engel können auch nicht in der äußersten Geburt dieser Welt bei uns wohnen. In der innersten aber wohnen sie bei uns. Und so wir mit dem Teufel kämpfen, so halten sie seine Schläge in der innersten Geburt auf und sind der hl. Seelen Schutz. Darum können wir die Engel nicht sehen oder begreifen, denn die äußerste Geburt ihrer Leiber ist der äußersten Geburt dieser Welt unbegreiflich.

33. Die andere Geburt dieser Welt steht im Leben, denn es ist die siderische Geburt, daraus die dritte und hl. Geburt geboren wird, und darinnen Liebe und Zorn miteinander streiten. Denn die andere Geburt stehet in den sieben Quellgeistern[13] dieser Welt und ist an den Enden und in allen Kreaturen sowohl auch im Menschen also. Nun aber herrschet der Hl. Geist auch in der andern Geburt und hilft die dritte heilige Geburt gebären.

13 Die Dreigestalt Gottes, die sich auch in der Schöpfung als drei Prinzipien spiegelt, steht im Zusammenhang mit sieben Naturgestalten oder Naturgeistern. Die erste und siebte ordnet Böhme dem Vater zu, die zweite und sechste dem Sohn, die dritte und fünfte dem Hl. Geist. Es handelt sich um ein kraftvolles, einerseits durch das Feuer, andererseits durch das Licht symbolisiertes Mit- und Ineinanderwirken der schöpferischen Potenzen.

34. Die dritte aber ist der klare und heilige Himmel, welcher mit dem Herzen Gottes außer und über allen Himmeln inquallieret als ein Herze, und ist auch ein Herze, das den Locum [Ort] dieser Welt hält und träget und das den Teufel in der äußeren Geburt im Zornfeuer gefangen hält als ein allmächtiger, unbegreiflicher Gott.

35. Und aus diesem Herzen ist Jesus Christus, Gottes Sohn, in der Jungfrauen Marien Leib in alle drei Geburten [leiblich, seelisch, geistig] gangen und hat dieselben wahrhaftig an sich genommen, auf dass er durch und mit seiner innersten Geburt den Teufel, Tod und Hölle in der äußersten Geburt gefangen nehme und den Zorn Gottes überwinde als ein König und Siegesfürst, und in Kraft seiner Geburt im Fleische durch alle Menschen durchdringe …

Obwohl Böhme gelegentlich darauf hinweist, dass er sein Buch eigentlich nur für sich selbst „zum Memorial" geschrieben habe, spricht er doch seine zum Teil persönlich bekannten ersten Leser an. Es dürfte sich zunächst um jene Freunde handeln, denen er die nach und nach entstandenen Manuskriptteile zur Lektüre anvertraut hat. Von daher ergeben sich die mehrfach eingestreuten Anreden, etwa „du Menschenkind", samt den ebenfalls persönlich gehaltenen Informationen, Mahnungen oder Ermutigungen, wie sie ein Seelenführer einem Menschen gegenüber ausspricht, der sich rat- und trostsuchend an ihn gewandt hat. Doch das schließt nicht aus, dass er seine Erwägungen auch auf sich selbst bezieht. Das entspräche einer inneren Zwiesprache.

38. Darum, du Menschenkind, sei nicht so furchtsam und verzaget. Wenn du in deinem Eifer und Ernst deinen Tränensamen säest, so säest du ihn nicht auf Erden, sondern im

Himmel, denn in deiner siderischen Geburt säest du und in der animalischen [seelenhaften] erntest du, und im Himmelreiche besitzest du es und genießt es.

39. Weil du in dieser streitigen [streiterfüllten] Geburt lebest, so musst du dich drücken und den Teufel lassen auf dir herreiten, aber also hart er dich schläget, so hart schlägest du ihn wieder, so du dich wehrest. Denn wenn du gegen ihn streitest, so schürest du ihm sein Zornfeuer auf und zerstörest ihm sein Nest. Das ist alsdann wie ein großer Aufruhr, als hieltest du eine gewaltige Schlacht mit ihm.

40. Und obgleich deinem Leibe etwas Wehe geschieht, so geschieht ihm doch viel übler, wenn er überwunden ist; so brüllet er wie ein Löwe, dem seine Jungen geraubt sind, denn der Grimm und Zorn Gottes peiniget ihn. Wenn du ihn aber zur Herberge einlässt, so wird er fett und geil und überwindet dich mit der Zeit.

[...]

48. Wenn dem Menschen seine Augen nur eröffnet würden, so sähe er überall Gott in seinem Himmel, denn der Himmel steht in der innersten Geburt. Dazu da Stephanus den Himmel hat offen gesehen und den Herrn Jesum zur Rechten Gottes [Apg 7,55]. Da hat sich sein Geist nicht erst in den obern Himmel geschwungen, sondern er hat durchgedrungen in die innerste Geburt, da ist der Himmel an allen Enden.

49. Du darfst auch nicht denken, dass die Gottheit etwa ein Wesen sei, das nur im obern Himmel sei, und dass unsere Seele, wenn sie vom Leibe scheidet, auf in den obern Himmel fahre viel hundert Meilen. Es [be]darf des[sen] gar nicht, sondern sie wird in die innerste Geburt gesetzet. Da

ist sie bei Gott und in Gott und bei allen heiligen Engeln und kann bald droben sein und auch bald drunten. Sie wird von nichts gehalten.

50. Denn in der innersten Geburt ist die obere und untere Gottheit *ein* Leib, *eine* offene Porte. Die heiligen Engel spazieren sowohl in der innersten Geburt dieser Welt bei unsrem Könige Jesu Christo als im obern in ihrem Revier.

[...]

53. Meinest du, ich schreibe zu irdisch? Wirst du an dieses Fenster kommen, du wirst nicht sagen, es sei irdisch. Ob ich gleich muss eine irdische Zunge [Ausdrucksweise] [ge] brauchen, so ist doch rechter himmlischer Verstand darunter, da ich in meiner äußersten Geburt [als gewöhnlicher Mensch] weder schreiben noch reden kann.

25. Kapitel

Jakob Böhme hat das Bedürfnis, seinen Lesern zu zeigen, dass er sich über die beiden Betrachtungsweisen, der äußeren und der inneren, der materiellen und der spirituellen, im Klaren sei. Er habe sich beispielsweise über Tatbestände der Astronomie informiert. Diese an die Sinne und die Ratio gebundene Erkenntnis beziehe sich auf die vergängliche, dem Tod unterworfene irdische Wirklichkeit. Im Bereich ihrer Zuständigkeit vermag er sie gleichwohl anzuerkennen und gelten zu lassen, wenngleich sie außerhalb seiner Kompetenz liegt. Der Wurzelgrund der Wesenserkenntnis ist auf diese Weise jedoch nicht zu ermitteln.

Im gleichen Zusammenhang beschäftigt sich Böhme mit der Frage, warum er sich als schlichter Handwerker mit philosophischen Fragen habe beschäftigen müssen und welchen Belastungen er von der kirchlichen und städtischen Obrigkeit deswegen ausgesetzt gewesen sei. Insofern stellen Ausführungen dieses Kapitels eine Ergänzung des obigen 19. Kapitels dar. Sein Entschluss, zu einer spirituellen Vertiefung seiner Erkenntnis zu gelangen, ist ebenso klar wie die Einsicht, dass dies ohne „Kreuz und Trübsal" nicht möglich ist. Und da dürfte er nicht nur an die Hindernisse gedacht haben, die ihm am Anfang seines Prozesses durch Kirche und Magistrat in den Weg gelegt worden sind. Es ist in der Hauptsache „des Geistes Trieb und Erkenntnis[-streben]", dem er zu folgen habe.

1. Die gelehrten und hocherfahrnen Meister der Sternenkunst sind in ihrem Verstande so hoch und tief kommen, dass sie wissen, der Sternen Lauf und Wirkung, was ihre Zusammenkünfte [Konstellationen], Infizieren und Durchbrechen der Kräfte bedeutet und mitbringet, und wie sich dadurch Wind, Regen, Schnee und Hitze gebäret, auch Böses und Gutes, Glück und Unglück, dazu Leben und Tod und alles Treiben dieser Welt.

2. Dieses ist zwar das rechte Fundament, welches ich im Geist erkenne, dass es also sei. Ihre Erkenntnis aber stehet nur im Hause des Todes in der äußerlichen Begreiflichkeit und im Anschauen der Augen des Leibes; und ist ihnen die Wurzel dieses Baumes bis daher verborgen blieben.

3. Es ist auch nicht mein Fürnehmen [Absicht], dass ich wollte von des Baumes Ästen schreiben und ihre Erkenntnis umkehren. Auch so baue ich nicht auf ihren Grund, sondern lasse ihre Erkenntnis in ihrem Sede [Bereich] sitzen, dieweil ich sie nicht studieret habe; und schreibe im Geiste *meiner* Erkenntnis von des Baumes Wurzel, Stamme, Ästen und

Frucht als ein mühsamer [bemühter] Knecht seines Herrn, den ganzen Baum dieser Welt zu [ent]blößen [zu erkunden].

4. [Ich bin] nicht der Meinung, etwas Neues auf die Bahn zu bringen, denn ich habe dessen keinen Befehl, sondern meine Erkenntnis stehet in dieser Geburt der Sternen, inmitten wo sich das Leben gebäret und durch den Tod bricht und wo der wallende Geist entstehet und durchbricht; und in dessen Trieb und Wallen schreibe ich auch.

5. Ich weiß auch gar wohl, dass die Kinder des Fleisches werden meiner spotten und sagen, ich sollte meines Berufs warten und mich um diese Dinge unbekümmert lassen und mich um das fleißiger annehmen, das da mir und den Meinigen den Bauch füllet, und die lassen philosophieren, die es studieret und dazu berufen sind.

6. Mit dieser Anfechtung hat mir auch der Teufel so manchen Stoß gegeben, und mir solches selber eingebleuet [eingetrichtert], dass ich mich oft verwogen habe [geneigt war], dieses zu unterlassen. Aber mein Fürnehmen ist mir zu schwer worden. Denn wenn ich nachgedacht und bei mir entschlossen, dieses mein Vorhaben zu unterlassen, so ist mir die Porte des Himmels in meine Erkenntnis zugeriegelt worden.

7. Alsdann hat sich meine Seele geängstet, als wäre sie vom Teufel gefangen; dadurch die Vernunft so manchen Stoß bekommen, als sollte der Leib zugrunde gehen, und hat auch der Geist nicht eher nachgelassen, bis er ist wieder durch die tote Vernunft gebrochen und hat die Tore der Finsternis zersprenget und seinen Sitz wieder an seiner Stelle bekommen; dadurch er denn allezeit neues Leben und Kraft bekommen.

8. Dadurch ich dann verstehe, dass der Geist muss durch Kreuz und Trübsal bewähret werden. Auch so hat mir an

leiblicher Anfechtung nicht gefehlet, sondern habe immer müssen im Kampf stehen; sogar ist der Teufel dawider gewesen.

9. Weil ich aber spüre, dass mein ewig Heil darauf siehet und dass mir durch mein Nachlassen wollten die Porten des Lichts zugeschlossen werden ..., so will ichs lassen Gott walten und meine fleischliche Vernunft gefangen nehmen.

10. Und habe mir erwählet die Porten der Erkenntnis des Lichtes, und will des Geistes Trieb und Erkennnis nachfahren, und sollte gleich mein tierischer [irdischer] Leib an den Bettelstab gereichen oder gar zugrunde gehen, so frage ich nun weiter nichts danach. Und will mit dem königlichen Propheten David sagen: Und wenn mir gleich mein Leib und Seele verschmachtet, so bist du, Gott, doch mein Heil, mein Trost und meines Herzens Zuversicht [Ps 73,26]. Auf dich will ichs wagen und deinem Geiste nicht widerstreben. Und ob es gleich dem Fleische wehe tut, auch dennoch muss der Glaube in Erkenntnis des Lichts über der Vernunft schweben.

11. Ich weiß auch gar wohl, dass einem Jünger [Christi] nicht gebühret, wider den Meister zu kämpfen, und dass die hoch erfahrnen Meister der Astrologiae [Astronomie] mir weit überlegen sind. Aber ich arbeite in meinem Berufe und sie in ihrem, auf dass ich nicht ein fauler Knecht meines Herrn erfunden werde, wenn derselbe wird kommen und sein überantwortet Pfund von mir fordern, dass ich ihm dasselbe möge mit Wucher [Zugewinn] darstellen.[14] Also will ich sein Pfund nicht in die Erde vergraben, sondern auf Wucher ausleihen, damit er in der Zeit seiner Ab-

14 Anspielung auf das Gleichnis Jesu von den anvertrauten Talenten und den verschiedenen Arten, mit dem Eigentum des kommenden Herrn umzugehen (Mt 25,14 ff.)

forderung nicht möchte zu mir sagen: Du Schalksknecht, warum hast du mein Pfund in die Finsternis versteckt und nicht damit gewuchert? So bekäme ich jetzt das Meine mit Wucher, und dasselbe gar von mir nähme und einem andern gäbe, der mit seinem Pfunde viel gewuchert hätte. Also will ich säen; er mag begießen und [will] es ihn lassen walten ...

Wie nicht anders zu erwarten, wird Anschauungen dieser Art widersprochen; Böhme rechnet daher mit Kritik und Widerspruch. Die sind ihm lebenslang ebenso reichlich zuteil geworden wie das Interesse an seinen Niederschriften. Bemerkenswert ist Böhmes Unterscheidungsvermögen. Er anerkennt die Berechtigung der physikalisch-astronomischen Sichtweise, ohne seine spirituelle Schau der Weltwirklichkeit infrage stellen zu müssen. Seine Unterscheidung bezieht sich darauf, dass er die „Wurzel"-Erkenntnis in den Blick fasst, während es Sache der Astronomie ist, die messbare Seite der Wirklichkeit in Augenschein zu nehmen. Das Irdische ist für ihn aber auch ein Durchblick ins Überirdisch-Geistige. Und darauf ist sein Streben gerichtet. Analogerweise gilt die Unterscheidung des alten und des neuen Menschen auch für ihn selbst. Er, der konkrete Mensch Jakob Böhme, der voller Gebrechen und Schwächen ist, will nicht als ein Heiliger angesehen werden, weil ihm bestimmte Gaben der Gotteserkenntnis geschenkt sind.

42. Allhier werde ich Anfechter genugsam haben, die da werden wissen zu tadeln. Denn sie werden nicht auf den Geist Achtung haben, sondern auf ihr Altes, und werden sagen, die Astrologi [Astronomen] verstehens besser. Sie haben geschrieben und werden die große offene Porte Gottes ansehen wie eine Kuh ein neu Scheunentor.

43. Ja, lieber Leser, ich verstehe der Astrologorum Meinung auch wohl. Ich habe auch ein paar Zeilen in ihren Schriften gelesen und weiß wohl, wie sie den Lauf der Sonnen und Sternen [be]schreiben. Ich verachte es auch nicht, sondern halte es meistenteils für gut und recht.

44. Dass ich aber etliche Dinge anders schreibe, tue ich nicht aus einem Wollen oder Wahn, dass ich zweifele, obs also sei. Ich [be]darf auch keinen Zweifel hieran, so kann mich auch kein Mensch unterrichten.

45. Ich habe meine Wissenschaft nicht vom Studio. Zwar der sieben Planeten Ordnung und Innestehen habe ich in der Astrologorum Bücher gelesen, befinde sie auch ganz recht. Aber die Wurzel, wie sie worden und herkommen sind, kann ich nicht von Menschen erlernen, denn sie wissens nicht.

46. Weil mir aber in meinem Geiste die Tore der Tiefe und Porten des Zorns, auch die Kammer des Todes ist aufgeschlossen worden durch die Liebe Gottes, so siehet der Geist hindurch. Befinde demnach, dass die Geburt der Natur [bis] auf heute noch stehet und sich also gebäret, wie sie erstlich ihren Anfang genommen hat. Und alles, was da aufgehet in dieser Welt, es seien gleich Menschen, Tiere, Bäume, Kraut, Gras, Erz oder was es wolle, so gehet alles in solcher Qualität und Form auf; und alles Leben, es sei bös oder gut, nimmt seinen Ursprung also.

47. Denn das ist der Gottheit Recht, dass sich alles Leben in dem Leibe Gottes auf einerlei Weise gebäre; obs wohl durch mancherlei Bildungen geschieht, so hat doch das Leben alles einerlei Ursprung.

48. Solche Erkenntnis sehe ich nicht mit fleischlichen Augen, sondern mit den Augen, wo sich das Leben in mir gebäret. In demselben Sitze stehet mir des Himmels und

der Höllen Porten offen, und spekulieret der neue Mensch[15] inmitten der siderischen [gestirnten, kosmischen] Geburt und stehet ihm die innere und äußerste Porten offen.

49. Dieweil er noch in dem alten Menschen des Zorns und Todes stecket und sitzet auch in seinem Himmel, so siehet er [nicht] durch beide. Auf solche Weise siehet er auch [nicht] die Sternen und Elementa, denn in Gott ist kein Ort der Aufhaltung, denn das Auge des Herrn siehet alles.

50. So nun mein Geist nicht durch seinen Geist sähe, so wäre ich ein blinder Stock. Weil ich aber die Porten Gottes in meinem Geist sehe und habe auch den Trieb dazu, so will ich nach meinem Anschauen recht schreiben und keines Menschen Autorität ansehen.

51. Nicht sollst du es verstehen, als wäre mein alter Mensch ein lebendiger Heiliger oder Engel. Nein, Geselle, er sitzet mit allen Menschen im Hause des Zorns und des Todes und ist ein steter Feind Gottes, der in seinen Sünden und Bosheit stecket wie alle Menschen, und ist voller Gebrechen und Mängel.

52. Das sollst du aber wissen, dass er in steter ängstlicher Gebärung stecket und wollte des Zorns und Bosheit gerne los sein, und kann doch nicht. Denn er ist wie das ganze Haus dieser Welt, da immer Liebe und Zorn miteinander ringet, und gebäret sich immer der neue Leib inmitten der Angst. Denn also muss es sein, willst du aber von Neuem geboren werden, anders erreicht kein Mensch die Wiedergeburt.

---

15 Böhme unterscheidet den neuen Menschen, der durch Christus eine innere Wiedergeburt gemäß Joh 3,3 durchlaufen hat, von alten Menschen, der noch in seinem alten Wesen samt seinen auch erkenntnisbegrenzten Unzulänglichkeiten befangen ist.

53. Der Mensch trachtet allhier immer nach sanften Tagen des Fleisches und nach Reichtum und Schönheit, und weiß nicht, dass er damit in der Kammer des Todes sitzet, da der Stachel des Zorns auf ihn zielet.

54. Siehe, ich sage dirs als ein Wort des Lebens, welches ich nehme in Erkenntnis des Geistes mitten in der Geburt des neuen Leibes dieser Welt, über welche ist ein Herrscher und König: der Mensch Jesus Christus samt seinem ewigen Vater. Auch nehme ichs vor dem Stuhle seines Thrones, da alle heiligen Seelen der Menschen vor ihm stehen und freuen sich vor ihm. Dass die Begierde des Fleisches in sanftem Wohltun reich sei, schön sei, mächtig sei, ist lauter höllisch Zornbad, darein du dringest und laufest, als würdest du hineingezogen, denn es ist eine große Gefahr darinnen.

2. Von der neuen Wiedergeburt

1. Kapitel

Seine Aufgabe erblickte Jakob Böhme nicht allein darin, sich über den theosophischen Zusammenhang von Gott, Welt und Mensch klar zu werden und fragenden Menschen darüber Rechenschaft abzulegen. Damit hatte er in seiner „Aurora oder Morgenröte im Aufgang" begonnen. Noch wichtiger erschien ihm aber, geistlich suchende Freunde auf dem inneren Weg zu geleiten und ihnen dabei ein Gehilfe und Seelenführer zu sein. Das findet seinen Ausdruck in einer Reihe von meditativ gehaltenen Schriften, die sich unter dem Titel „Weg zu Christo" oder „Christosophia" zusammenfassen lassen, sowie in seinen „Theosophischen Sendbriefen".

Das Thema der Wiedergeburt als einer spirituellen Erneuerung, die Christus im 3. Kapitel des Johannesevangeliums zur Sprache gebracht hat, ist zwar gelegentlich in der „Aurora" bereits angeklungen. Es steht schließlich im Mittelpunkt weiterer Schriften, nicht zuletzt in der titelgebenden „Von der neuen Wiedergeburt" (De Regeneratione). Die einleitenden Gedanken (1,1–7) machen mit Böhmes Menschenkunde bekannt, der – mit dem Apostel Paulus – einen fleischlich-natürlichen und einen innerlichen, geistlichen Menschen unterscheidet. Die irdische Gestalt ist demnach nicht nur eine materielle, physiologische und psychische Tatsache. Wie schon aus der „Aurora" zu ersehen war, ist immer auch mit der spirituellen Dimension zu rechnen. Insofern sind wir Bürger der beiden Welten.

Ursprünglich sei der Mensch einer paradiesischen Lichtwelt entsprungen. Mit dem tragischen Fall, dem Sündenfall von Adam und Eva, ging er dieser Beschaffenheit verlustig. Es war daher nötig, diesen Zustand zu überwinden und die „Porte der Hölle" zu durchbrechen. Dazu bedurfte es der Menschwerdung Christi. Sinn und Ziel des christlichen Glaubens sind somit auf diese Neuwerdung hin ausgerichtet. Gemeint ist eine Erhebung des gestürzten Menschenbildes, die Befreiung aus der Gefangenschaft eines „verwirrten und zänkischen Babylon". In der Vorrede betont der Autor, dies habe er „den hungrigen und durstigen Herzen", seinen „Mitgliedern im Geist Christi", zu deren Reifung schreiben müssen. Schließlich gehe es um die bedeutsame Mitteilung (Kapitel 1,2),dass der Mensch, recht verstanden, „der Gottheit ähnlich und fähig sei".

1. Christus spricht: Es sei denn, dass ihr umkehret und werdet wie die Kinder, sonst sollt ihr das Reich Gottes nicht sehen [Mt 18,3]. Und abermals saget er zu Nikodemus: Es sei denn, dass jemand neu geboren werde aus dem Wasser und Geist, sonst kann er nicht in das Reich Gottes kommen. Denn was vom Fleisch geboren ist, das ist Fleisch, und was vom Geist geboren ist, das ist Geist [Joh 3,3 ff]. – Die Schrift bezeuget klar, dass der fleischliche, natürliche Mensch nichts vom Geiste Gottes vernimmt. Es ist ihm eine Torheit und [er] kanns nicht begreifen.

2. So aber nun alle Fleisch und Blut haben, dazu sterblich sind, wie vor Augen ist und gleichwohl die Schrift saget, dass wir auch Tempel des Hl. Geistes sind, der in uns wohnet; und dass das Reich Gottes inwendig in uns sei [Lk 17,21], ja dass Christus in uns müsse eine Gestalt gewinnen [Gal 4,19], auch dass er uns wolle sein Fleisch zu einer Speise geben und sein Blut zu einem Trank ... So müssen wir ja mit Ernst betrachten, was für ein Mensch in uns sei, der der Gottheit ähnlich und fähig sei.

[...]

4. So aber dann gleichwohl wahr bleibet, dass ein rechter Christ aus Christo geboren wird, und dass die neue Wiedergeburt ein Tempel des Hl. Geistes sei, der in uns wohnet, und dass allein der neue Mensch aus Christo geboren, das Fleisch und Blut genießt; so ists [gar]nicht so ein schlecht Ding, ein Christ zu sein. Und steht das Christentum nicht in der Historia [bloßer Predigt oder Erzählung], dass wirs nur wissen und das Wissen uns zueignen, dass wir nur sagen, Christus ist für uns gestorben und hat den Tod in uns zerbrochen und zum Leben gemacht. Er hat für uns die

Schuld bezahlet. Wir dürften uns dessen nur trösten und festiglich glauben, dass es geschehen sei.

5. Denn wir befinden in uns, dass die Sündc im Fleische lebendig, begierig und tätig ist, dass sie wirket. So muss nun die neue Wiedergeburt aus Christo ein anderes sein, das nicht mit dem Sündenfleische mitwirke, das der Sünden nicht will.

6. Denn St. Paulus sagt, dass an denen, die in Christo Jesu sind, nichts Verdammliches sei [Röm 8,1]. Und weiter: Sollten wir, die wir Christen sind, noch [als] Sünder erfunden werden? Das sei ferne [Gal 2,17], so wir der Sünden abgestorben sind in Christo. Auch ist der Mensch der Sünden nicht ein Tempel des Hl. Geistes. Und ist doch kein Mensch, der nicht sündige, denn die Schrift sagt: Gott hat alles unter die Sünde beschlossen [Röm 11,32]. Desgleichen: Vor dir ist kein Lebendiger gerecht, so du willst Sünde zumessen. Der Gerechte fällt des Tages siebenmal, da doch nicht mag [so] verstanden werden, dass der Gerechte falle und sündige, sondern der Sterbliche und Sündige.

7. Denn eines Christen Gerechtigkeit ist in Christo, der kann nicht sündigen. Denn Paulus sagt: Unser Wandel ist im Himmel, von dannen wir warten des Heilandes Jesu Christi [Phil 3,20]. – Ist nun unser Wandel im Himmel, so muss der Himmel in uns sein. Christus wohnet im Himmel. So wir nun sein Tempel sind, so muss derselbe Himmel in uns sein.

8. So uns aber gleichwohl die Sünde in uns anficht, in welcher der Teufel einen Zutritt zu uns und in uns hat, so muss auch die Hölle in uns sein, denn der Teufel wohnet in der Höllen. Und wo er dann immer ist, so ist er in der Höllen und mag daraus nicht kommen. Und ob er gleich

einen Menschen besäße, so wohnet er doch im Menschen, in der Höllen als in Gottes Zorne.

[...]

19. Also ist uns auch der Mensch zu betrachten: Er stehet und lebet in drei Welten. Die eine ist die ewige finstere Welt als das Centrum der ewigen Natur, welche das Feuer gebieret als die Angst-Qual; und die andere ist die ewige Licht-Welt, welche die ewige Freude gebieret, und das göttliche Wohnhaus ist, darinnen der Geist Gottes wohnet, darinnen der Geist Christi menschlich Wesen annimmt und die Finsternis vertreibet, dass sie muss eine Ursach der Freuden im Geiste Christi im Lichte sein. Die dritte Welt ist die äußere sichtbare in den vier Elementen und dem sichtbaren Gestirne, wiewohl jedes Element ein Gestirne nach seiner Eigenschaft in sich hat, davon die Begierlichkeit und Eigenschaft entstehe gleich einem Gemüte.

20. Also verstehet: Das Feuer im Lichte ist ein Liebe-Feuer, eine Begierde der Sanftmut und Freudenreich. Und das Feuer in der Finsternis ist ein Angst-Feuer und ist peinlich [Pein bereitend], feindlich und in der Essenz widerwärtig. Das Feuer des Lichts ist ein guter Geschmack. Und der Geschmack in der Essenz der Finsternis ist ganz widerwärtig und feindlich. Denn die Gestalten zum Feuer stehen alle in der größten Angst.

4. Kapitel

1. Allhier verstehen wir nun unsere neue Wiedergeburt recht, wie wir können Tempel Gottes sein und bleiben, doch [in] dieser Zeit nach der äußern Menschheit [sind wir] auch sündliche, sterbliche Menschen. Christus hat die Porte unsrer innerlichen, himmlischen Menschheit, welche in Adam zugeschlossen war, in menschlicher Essenz zersprengt und aufgemacht. Und liegt bloß an dem, dass die Seele ihren Willen aus der Eitelkeit [Vergänglichkeit] des verderbten Fleisches ausführe und in diese offene Porte in [den] Geist Christi einführe.

2. Es muss ein großer, mächtiger Ernst sein, nicht nur ein Lernen und Wissen, sondern ein Hunger und großer Durst nach Christi Geist. Denn das Wissen allein ist kein Glaube, sondern der Hunger und Durst nach dem, das ich begehre, dass ichs mir [hin]einbilde und mir der Einbildung eigentümlich [als Eigentum] fasse und nehme, das ist Glauben.

3. Der Wille muss aus der Eitelkeit des Fleisches ausgehen, sich freiwillig ins Leiden und Tod Christi und in allen Spott der Eitelkeit – welche ihn darum [ver]spottet, dass er aus seinem eigenen Haus, darin er geboren ist, ausgehet – ergeben und nicht mehr der Eitelkeit wollen, sondern nur bloß der Liebe Gottes in Christo Jesu begehren.

4. Und in solchem Hunger und Begehren impresset er [prägt er ein] ihm den Geist Christi mit seiner himmlischen Leiblichkeit. Das ist: Sein großer Hunger und Begierde fasset den Leib Christi als die himmlische Wesenheit in sein verblichenes Bild ein, in welchem das Wort der Kraft Gottes das wirkende Leben innen ist.

5. Der Seelen Hunger führet seine Begierde durch die zerschellte Eigenschaft ihrer in Adam verblichenen Menschheit des himmlischen Teils, welche das süße Liebe-Feuer im Tode Christi, als der Tod der rechten himmlischen Menschheit durchbrochen ward, zerschellte. Der Seelen Hunger fassete durch die Begierde das heilige, himmlische Wesen als die himmlische Leiblichkeit ... in die verblichene. Und dadurch stehet der verblichene himmlische Leib in der Kraft Gottes in dem süßen Namen Jesu auf.[16]

6. Und derselbe aufgewachte himmlische, geistliche Leib ist Christi Gliedmaß und der Tempel des Hl. Geistes, eine wahre Wohnung der Hl. Dreifaltigkeit, wie Christus verhieß, da er sagte: Wir wollen zu ihm kommen und Wohnung in euch machen [2 Kor 6,16]. Dieselbe Essenz desselben Lebens isset Christi Fleisch und trinket sein Blut. Denn Christi Geist als das Wort, das sich mit der Menschheit Christus aus[formte] und in unserer verblichenen Menschheit durch den äußern Menschen dieser Welt Wesen sichtbar machete, der ist sein heiliges Wesen in sein feuriges Wesen. Ein jeder Geist isset von seinem Leibe.

7. Und so nun die Seele von dieser süßen, heiligen, himmlischen Speise isset, so entzündet sie sich in der großen Liebe im Namen Jesu. Davon wird ihr Angst-Feuer ein großer Triumph und gehet ihr die wahre Sonne auf, in welche sie [in] eines andern Willens geboren wird. Und allhier ist die Hochzeit des Lammes, welches wir herzlich wünschen, dass es doch die Titel- und Maul-Christenheit

16 Böhme will damit sagen: Die menschliche Seele verlangt danach, dass sie ihre himmlische Ursprünglichkeit durch Christus wieder erlangt. Das entspricht einer Wiederbelebung des verblichenen Menschenbildes.

einmal erfahren möchte und von der [bloßen] Historia ins Wesen eingehen.[17]

[...]

10. Also verstehet uns recht, was und wie die neue Wiedergeburt geschehe und sei: Der äußere, irdische, sterbliche Mensch wird in dieser Zeit nicht neu geboren, weder das äußere Fleisch noch der äußere Teil der Seelen. Sie bleiben beide in der Eitelkeit [Vergänglichkeit] ihres in Adam aufgewachten Willens. Sie lieben ihre Mutter, in deren Leibe sie leben als das Regiment [Herrschaft] dieser äußern Welt. Und darin ist die Sündengeburt offenbar.

11. Der äußere Mensch in Seele und Fleisch, verstehet: der äußere Teil der Seelen, hat keinen göttlichen Willen, verstehet: auch nichts von Gott, wie die Schrift sagt: Der natürliche Mensch vernimmt nichts vom Geiste Gottes [1 Kor 2,14].

12. Der Feuer-Odem der innern Welt, so der einmal erleuchtet wird, verstehet es. Der hat sein großes Ächzen, Jammern, Hungern und Dürsten nach dem süßen Brünnlein Christi. Der erlabet sich durch Hungern und Begehren, welches der wahre Glaube ist in dem süßen Brünnlein Christi von seinem neuen Leibe der himmlischen Wesenheit, als eine hungrige Rebe am Weinstock Christi.

13. Und das ist die Ursache, dass die feurige Seele [in] diese[r] Zeit nicht mag zur Vollkommenheit kommen, dass sie am äußern Bande der Eitelkeit angebunden stehet,

17 Böhmes „herzlicher Wunsch" geht dahin, dass endlich auch ein veräußerlichtes Kirchenchristentum vom Buchstaben ausgehe und zum Wesen gelange. Das entspricht einer Teilhabe an einer geistlichen Hochzeit Christi mit den Seinen.

durch welches der Teufel stets seine giftigen Strahlen auf sie schießt und sie sichtet, dass sie ihm manchmal anbeißt und sich vergiftet, davon groß Jammer und Angst entstehet, dass sich die edle Sophia im Brünnlein Christi in der himmlischen Menschheit verbirgt und der Eitelkeit nicht nahen mag.

6. Kapitel

Böhme versäumt es nicht, seine Kritik an der „Mauerkirche" der bloßen „Maulchristen" anzubringen. Damit sind jene gemeint, die sich mit einen lediglich auf Buchstaben von „Schrift und Bekenntnis" basierenden „Historien-Glauben" zufriedengeben und darüber die eigene religiöse Erfahrung und Wiedergeburt versäumen. So gesehen ist der heutige Mensch, der den inneren Weg zu Christus gefunden hat und in die Christus-Nachfolge eintritt, sogar denen vorzuziehen, die einst den irdischen Jesus gekannt und seine Predigt gehört haben. Das Christusereignis muss in jedem Einzelnen zu einer individuell-unmittelbaren mystischen Tatsache werden, wie sie dem Wiedergeborenen geschenkt wird.

1. Liebe Brüder, wir wollen treulich mit euch reden, nicht aus heuchlerischem Munde, dem Antichrist zu gefallen, sondern aus unserem Perlleinn, aus christlicher Essenz und Wissenschaft [Weisheit], nicht aus der Hülle und [der bloßen] Historie, sondern aus kindlichem Geiste, aus Christi Wissenschaft als eine Rebe am Weinstock Christi, aus dem Maße derer in uns eröffneten Wissenschaft [Erkenntnis] in Gottes Rat.

2. Man bindet uns jetzt an die Historien, an die steinernen Kirchen, welche zwar in ihrem Werte gut wären, so man auch den Tempel Christi darein brächte.

3. Man lehret, ihre Absolution sei eine Vergebung der Sünden; item [desgleichen] das Abendmahl nehme die Sünden weg, item: Der Geist Gottes werde vom Predigtamt eingegossen.

4. Dieses alles hätte seinen Wert, so es recht erkläret würde und man nicht nur an der Hülse hinge. Mancher gehet zwanzig oder dreißig Jahr in die Kirche, höret predigen und [ge]braucht [das] Sakrament, lässt sich absolvieren und ist einmal ein Tier des Teufels wie das andere. Ein Tier gehet in die Kirchen und zum Abendmahl, und ein Tier gehet wieder davon. Wie will der essen, der keinen Mund hat? Wie will der hören, der kein Gehör hat? Mag auch einer eine Speise genießen, die seinem Munde verschlossen ist? Wie will der trinken, der ferne vom Wasser ist? Was hilft michs, dass ich in die Mauerkirche gehe und fülle meine Ohren mit einem leeren Odem? Oder gehe zum Abendmahl und speise nur den irdischen Mund, welcher sterblich und verweslich ist? Mag ich ihm doch wohl daheim ein Stück Brot geben, dass er satt werde. Was hilft das die Seele, welche ein unsterblich Leben ist, dass der tierische Mensch die [äußere] Weise des Gebrauchs Christi hält, so sie nicht mag das Kleinod des Gebrauchs erreichen? Denn St. Paulus sagt vom Abendmahl: Darum dass ihr nicht unterscheidet den Leib des Herrn, empfahet [empfangt] ihrs zum Gerichte [1 Kor 11,29].

[…]

12. Also auch im Predigtamt: Der Gottlose höret, was die äußere Seele der äußern Welt predigt. Das nimmt er an als eine Historiam. Ist aber etwa Stoppeln oder Stroh in der Predigt, so saugt er daraus die Eitelkeit, und die Seele saugt daraus das falsche Gift und Morde des Teufels. Damit kitzelt sie sich, dass sie höret, wie sie kann Menschen richten [beurteilen]. Ist aber der Prediger ein Toter und säet aus seinen Affekten Gift und Schmach, so lehret der Teufel und höret der Teufel. Dasselbe Lehren wird in dem gottlosen Herzen gefangen und bringt gottlose Früchte, daraus die Welt eine Mordgrube des Teufels worden ist, dass beides im Lehrer und Zuhörer nichts als eitel [nur] Spotten, Lästern, Höhnen, Wort-Zanken und um die Hülse-Beißen innen ist.

13. Aber in dem heiligen Lehrer lehret der Hl. Geist, und in dem heiligen Hörer hört der Geist Christi durch die Seele und göttlich Gehäuse des göttlichen Schalles. Der Heilige hat seine Kirche in sich, da er innen höret und lehret. Aber Babel hat den Steinhaufen. Da gehet sie hinein, [um zu] heucheln und gleißen, lässt sich mit schönen Kleidern sehen, stellt sich andächtig und fromm. Die steinerne Kirche ist [dann] ihr Gott, darein sie das Vertrauen setzt.

14. Der Heilige aber hat seine Kirche an allen Orten bei sich und *in sich*. Denn er stehet und gehet, er liegt und sitzt in seiner Kirche, er ist in der wahren christlichen Kirchen, im Tempel Christi. Der Hl. Geist predigt ihm aus allen Kreaturen. Alles, was er ansiehet, das siehet er einen Prediger Gottes.

15. Hier wird der Spötter sagen: Ich verachte die steinerne Kirche, da die Gemeinde zusammenkommt. Da sag ich: Nein zu, sondern ich weise [hin auf] die heuchlerische babylonische Hure, die mit der steinernen Kirche nur

Hurerei treibet und nennt sich einen Christen, ist aber ein Hurenbalg.

16. Ein rechter Christ bringt seine heilige Kirche mit in die Gemeinde. Sein Herz ist die wahre Kirche, da man soll Gottesdienst pflegen. Wenn ich tausend Jahr in die Kirchen gehe, auch alle Wochen zum Sakrament, lasse mich auch gleich alle Tage absolvieren, habe [aber] Christum nicht in mir, so ists alles falsch und ein unnützer Tand, ein Schnitzwerk [Götzenbild] in Babel und ist keine Vergebung der Sünden.

17. Der Heilige tut heilige Werke aus der heiligen Kraft seines Gemütes. Das Werk ist nicht die Versöhnung, aber es ist das Gebäude, das der wahre Geist in seinem Wesen bauet. Es ist sein Wohnhaus, gleichwie des falschen Christen eine Fabelei sein Wohnhaus ist, da dann seine Seele heuchelnd hingehet. Das äußere Gehör gehet in das äußere und wirket in das Äußere. Und das innere Gehör gehet in das Innere und wirket in dem Innern.

18. Heuchle, heule, schreie, singe, predige, lehre wie du willst. Ist nicht der innere Lehrer und Hörer offen, so ists alles Babel und Fabel und ein Schnitzwerk, da der äußere Weltgeist ein Model oder Schnitzwerk nach dem Innern macht. Und damit gleißet er, als ob er einen heiligen Gottesdienst hätte, da doch manchmal der Teufel mitten in solchem Gottesdienst mächtig in der Imagination wirket und das Herz wohl kitzelt [lockt] mit den Dingen, so das Fleisch gerne hätte, welches zwar wohl öfters den Kindern Gottes nach dem äußern Menschen widerfähret, so sie nicht eben Acht auf sich haben, so sichtet sie der Teufel.

7. Kapitel

1. Ein rechter Mensch, welcher in Christi Geist neugeboren ist, der ist in der Einfalt Christi, hat mit niemandem einigen Zank um die Religion. Er hat in ihm [sich] selbst Streit genug mit seinem tierischen, bösen Fleisch und Blut. Er meinet immerdar, er sei ein großer Sünder und fürchtet sich vor Gott, denn seine Sünden stehen offenbar und sind im Gerichte, denn die Turba [Zorn] verschließt sie in sich, davon ihm der Zorn Gottes unter Augen schilt als einen Schuldigen. Aber die Liebe Christi dringt hindurch und vertreibt sie, wie der Tag die Nacht verschlingt.

2. Dem Gottlosen aber ruhen seine Sünden im Schlafe des Todes und grünen im Abgrunde aus und bringen Früchte in der Höllen.

3. Die Christenheit in Babel zankt um die Wissenschaft [Einsicht], wie man Gott dienen, ehren und erkennen soll, was er sei nach seinem Wesen und Willen. [Die] lehren schlecht, wer nicht in allen Stücken mit ihnen einig sei in der Wissenschaft und Meinung, der sei kein Christ, sondern ein Ketzer.

4. Nun wollte ich doch gerne sehen, wie man alle ihre Sekten [Glaubensrichtungen] sollte zusammen in eine bringen, die sich die christliche Kirche könnte nennen, weil sie allesamt nur Verächter sind, da je ein Haufe den andern lästert und für falsch ausschreiet.

5. Ein Christ aber ist keine Sekte. Er kann mitten unter den Sekten [d.h. den verschiedenen Bekenntnissen] wohnen, auch in ihrem Gottesdienst erscheinen, und hängt doch keiner Sekte an. Er hat nur eine einige Wissenschaft [Erkenntnis], die ist Christus in ihm. Er sucht nur einen Weg. Der ist die Begierde, dass er immerdar wollte gerne recht

tun und leben, und stellet all sein Wissen und Wollen ins Leben Christi ein. Er seufzet und wünschet immerdar, dass doch Gottes Wille in ihm möchte geschehen und sein Reich in ihm offenbar werden. Er tötet täglich und stündlich die Sünde im Fleisch. Denn des Weibes Same, als der innere Mensch in Christo, zertritt stets dem Teufel in der Eitelkeit [Vergänglichkeit] den Kopf [Gen 3,15].

6. Sein Glaube ist eine Begierde zu Gott. Die hat er in die gewisse Hoffnung eingewickelt. Darin wagt ers auf die Worte der Verheißung. Er lebet und sterbet darinnen, und da er doch nach dem rechten Menschen nimmerdar stirbet. Denn Christus sagt auch also: Wer an mich glaubet, wird nimmermehr sterben, sondern ist vom Tode zum Leben hindurchgedrungen. Item: Es werden Ströme des lebendigen Wassers von ihm fließen als gute Lehre und Werke.

7. Darum sage ich, ist alles Babel, was sich miteinander beißet und um die Buchstaben zanket. Die Buchstaben stehen alle in einer Wurzel, die ist der Geist Gottes. Gleichwie die mancherlei Blumen alle in der Erden stehen und wachsen alle nebeneinander; keine beißt sich mit der andern um die Farben, Geruch und Schmack. Sie lassen die Erde und Sonne, sowohl Regen und Wind, auch Hitze und Kälte mit sich machen, was sie wollen. Sie aber wachsen, eine jede in ihrer Essenz und Eigenschaft. Also ists auch mit den Kindern Gottes. Sie haben mancherlei Gaben und Erkenntnis, aber alles aus *einem* Geiste. Sie freuen sich nebeneinander der großen Wunder Gottes und danken dem Höchsten in seiner Weisheit. Was sollen sie lang um den zanken, in dem sie leben und sind, dessen Wesens sie selbst sind?

8. Es ist die größte Torheit in Babel, dass der Teufel hat die Welt um die Religion zankend gemacht, dass sie um selbst gemachte Meinung zanken, um die Buchstaben; da

doch in keiner Meinung das Reich Gottes stehet, sondern in Kraft und der Liebe. Auch sagte Christus und [über]ließ es seinen Jüngern zuletzt, sie sollten einander lieben. Dabei würde jedermann erkennen, dass sie seine Jünger wären, gleichwie er sie geliebet hätte. Wenn die Menschen also sehr nach der Liebe und Gerechtigkeit trachteten, als nach Meinungen, so wäre gar kein Streit auf Erden. Wir lebten als Kinder in unserm Vater und bedürften keines Gesetzes und Ordens.

9. Denn mit keinem Gesetz wird Gott gedienet, allein mit Gehorsam. Die Gesetze sind wegen der Bösen; die nicht der Liebe und der Gerechtigkeit wollen, die werden mit Gesetzen getrieben und gezwungen. Wir haben alle einen einigen Orden. Der ist, dass wir dem Herrn aller Wesen stille halten und unsern Willen ihm ergeben und lassen seinen Geist in uns wirken, spielen und machen, was er will. Und was er in uns wirket und offenbaret, das geben wir ihm wieder dar als seine Frucht.

10. So wir nun um die mancherlei Frucht, Gaben und Erkenntnis nicht zanketen, sondern erkenneten uns untereinander als Kinder des Geistes Gottes, was wollte uns richten [verurteilen]? Lieget doch das Reich Gottes nicht an unserm Wissen und Wähnen, sondern in der Kraft.

11. Wenn wir nicht halb so viel wüssten und wären viel kindlicher, hätten aber nur einen brüderlichen Willen untereinander und lebten als Kinder einer Mutter als wie die Zweige an einem Baume, die alle von einer Wurzel Saft nehmen, so wären wir viel heiliger.

[...]

13. Das wahre Wissen ist die Offenbarung des Geistes Gottes durch die ewige Weisheit. Der weiß in seinen Kindern, was er will. Er gießt seine Weisheit und Wunder durch seine Kinder aus, gleichwie die Erde die mancherlei Blumen. So wir nun im Geiste Christi als demütige Kinder nebeneinander wohneten und erfreute sich je einer des andern Gaben und Erkenntnis, wer wollte richten [verurteilen]? Wer richtet die Vögel im Walde, die den Herrn aller Wesen mit mancherlei Stimme loben, ein jeder aus seiner Essenz; straft sie auch der Geist Gottes, dass sie nicht ihre Stimmen in eine Harmonie führen? Gehet doch ihr aller Hall aus seiner Kraft, und vor ihm spielen sie.

14. Darum sind die Mensch, so um die Wissenschaft und um Gottes Willen zanken, auch einander darum verachten, törichter denn die Vögel im Walde und die wilden Tiere, die keinen rechten Verstand haben. Sie sind vor dem heiligen Gott unnützer als die Wiesenblumen, welche doch dem Geist Gottes stille halten und lassen ihn die göttliche Weisheit und Kraft durch sich offenbaren. Ja, sie sind ärger als die Disteln und Dornen unter den schönen Blumen, welche doch stille stehen. Sie sind als die räuberischen Tiere und Vögel im Walde, welche die andern Vögel von deren Gesang und Lobe Gottes abschrecken.

15. In Summa: Sie sind des Teufels Gewächs im Zorne Gottes, die durch ihre Pein doch dem Herrn dienen müssen. Denn sie treiben mit ihr Plag und Verfolgung den Saft durch die Essenz der Kinder Gottes aus, dass sie sich im Geiste Gottes bewegen, mit Beten und emsigem Flehen, in welchem der Geist Gottes sich bewegt. Denn die Begierde wird dadurch geübet, und auch die Kinder Gottes, dass sie grünen und Frucht bringen. Denn in Trübsal werden Gottes

Kinder offenbar, nach der Schrift: Wenn du sie züchtigest, so rufen sie ängstlich zu dir.

8. Kapitel

Im letzten Kapitel seiner Wiedergeburtsschrift zieht Böhme eine Summe, indem er fragt, worin letztlich das Wesen der „ganzen christlichen Religion" bestehe. Wie kaum anders zu erwarten, ist es für ihn kein Konglomerat von dogmatischen Aussagen, Bibelauslegungen oder Bekenntnissen, wiewohl er seine Schriften auf eine umfassende Kenntnis der Heiligen Schrift stützt. Für ihn handelt es sich vor allem um eine vertiefte Selbsterkenntnis und um die Wiederherstellung des verlorengegangenen Urzustandes von Mensch und Kreatur. Und die ist dem Menschen nicht verfügbar. Es ist das „Sein in Christus", wie es bereits der Apostel Paulus genannt hat. Darauf gründet auch Böhmes Mystik. Und wichtiger als der Bibelbuchstabe ist für ihn der in diesem „irdenen Gefäß" aufbewahrte spirituelle Inhalt. Dennoch schließt er sich nicht etwa jenen protestantischen Spiritualisten an, die das aufgeschriebene Menschenwort verachten. Er schätzt durchaus die dienende Funktion der Texte, zumal er selbst dem feurigen Trieb folgt, das Empfangene aufzuschreiben. Was ihm zuwider ist, das sind die dogmatisierenden innerprotestantischen Auseinandersetzungen, wie sie in seinen Tagen von Kanzel zu Kanzel geübt worden sind.

1. Die ganze christliche Religion stehet in dem, dass wir uns lernen erkennen, was wir sind, von wannen [woher] wir kommen sind; wie wir aus der Einigung in die Uneinigkeit, Bosheit und Ungerechtigkeit eingegangen, wie wir dieselbe haben in uns erweckt. Zum andern, wo wir in der Einigung

sind gewesen, da wir Kinder Gottes waren. Zum Dritten, wie wir jetzt in der Uneinigkeit sind in dem Streit und Widerwillen. Zum Vierten, wo wir hinwallen aus diesem zerbrechlichen Leben. Wo wir mit dem Unsterblichen hin wollten und dann auch mit dem Sterblichen.

2. In diesen vier Punkten steht unsere ganze Religion, zu lernen, aus der Uneinigkeit und Eitelkeit [Vergänglichkeit] zu kommen und wieder in *einen* Baum, daraus wir in Adam alle kommen sind, einzugehen [in den], welcher ist *Christus in uns*. Wir dürfen um nichts streiten, haben auch keinen Streit. Lerne sich nur ein jeder üben, wie er wieder möge in die Liebe Gottes und seines Bruders eingehen.

3. Christi Testamenta sind durchaus anders nichts als eine brüderliche Verbindung, dass sich Gott in Christo mit uns verbindet und wir mit ihm. Alles Lehren soll dahin gehen, auch alles Wollen, Leben und Tun. Wer anders lehret und tut, das ist Babel und Fabel, nur ein Schnitzwerk der Hoffart, ein unnützes Gerichte und eine Irremachung der Welt, eine Gleißnerei [Scheinheiligkeit] des Teufels, damit er die Einfalt blendet.

4. Alles, was außer [ohne] Gottes Geist lehret und hat nicht göttliche Erkenntnis und wirft sich doch zum Lehrer in Gottes Reich auf und will Gott mit Lehren dienen, das ist falsch und dienet nur seinem Abgott, [dem] Bauche und seinem stolzen hoffärtigen Sinn, dass er will geehret sein und will heilig genannt sein. Er trägt ein erwählet Amt von Menschenkindern, welche ihm auch nur heucheln und ihm um Gunst willen dazu geordnet [eingesetzt] haben. Christus sprach: Wer nicht zur Tür in den Schafstall hineingehet, das ist: durch ihn, sondern steiget anderswo hinein, der ist ein Dieb und ein Mörder, und die Schafe folgen ihm nicht, denn sie kennen seine Stimme nicht [Joh 10,1].

5. Der hat nicht die Stimme des Geistes Gottes, sondern nur die Stimme seiner [eigenen] Kunst, seines Lernens. Er lehret, und nicht Gottes Geist. Aber Christus spricht: Alle Pflanzen, die mein himmlischer Vater nicht gepflanzet hat, sollen ausgerottet werden [Mt 15,13]. Wie will dann der[jenige] himmlische Pflanzen pflanzen, der gottlos ist, so er doch keinen Samen in seiner Kraft in sich hat? Christus spricht rund: Die Schafe hören seine [des falschen Hirten] Stimme nicht; sie folgen ihm nicht [Joh 10,5].

6. Das aufgeschriebene Wort ist nur ein Werkzeug, damit der Geist leitet. Das Wort, das da lehren will, muss in dem buchstabischen Wort lebendig sein. Der Geist Gottes muss in dem buchstabischen Hall [Wortlaut] sein, sonst ist keiner ein Lehrer Gottes, sondern nur ein Lehrer der Buchstaben, ein Wisser der Historien, und nicht des Geistes Gottes in Christo. Alles, damit man Gott dienen will, muss im Glauben geschehen, als im Geiste, der macht das Werk völlig und vor Gott angenehm. Was der Mensch im Glauben anfängt und tut, das tut er im Geiste Gottes, welcher im Werke mitwirket. Das ist Gott angenehm, denn er hats selber gemacht und seine Kraft ist darinn, es ist heilig.

7. Was aber in der Selbheit ohne Glauben gemacht wird, das ist nur eine Figur oder Hülse eines rechten christlichen Werks.

8. Dienest du deinem Bruder und tust es nur aus Gleißnerei [um zu blenden] und gibst ihm ungern, so dienest du nicht Gott. Denn dein Glaube gehet [dann] nicht aus Liebe in die Hoffnung in deiner Gabe. Wohl dienest du deinem Bruder und er danket an seinem Teil Gott, segnet dich auch an seinem Teil; du aber segnest ihn nicht, dann giebest ihm nur einen murrenden Geist in deiner Gabe. Der gehet nicht in Gottes Geist in die Hoffnung des Glaubens ein. Darum

ist deine Gabe nur halb gegeben und hast nur halben Lohn dafür.

[...]

10. Also auch im Lehramt: Was einer aussäet, das erntet er auch ein. Säet einer aus Christi Geist guten Samen, so bekleibt [haftet] er in dem guten Herzen und trägt gute Frucht. In den Gottlosen aber, die des[sen] nicht fähig sind, wird der Zorn Gottes gerüget [angeregt]. Säet einer Zank, Verachtung, Übeldeutung, das nehmen alle gottlosen Menschen ein. Es bekleibet auch und trägt solche Frucht, dass man einander spottet, verhöhnet, verleumdet, übeldeutet.

11. Aus welchem die große Babel geboren und ausgewachsen ist, da man aus Hoffart um die Historiam der Rechtfertigung des armen Sünders vor Gott[18] zanket und den Einfältigen irre und lüsternd macht, dass ein Bruder den andern um die Historien und Buchstaben-Wechseln willen verachtet und dem Teufel gibt.

12. Solche Lästerbälge dienen nicht Gott, sondern dem großen Bau der Uneinigkeit. Weil in allen Menschen im irdischen Fleische noch eine verderbte Sucht lieget, so wecken sie auch in den einfältigen Kindern Gottes den Gräuel auf und machen Gottes Volk samt den Kindern der Bosheit lästern, und sind nur Baumeister der großen Babel und der Welt und [sind] so viel nütze als dem Wagen das fünfte Rad, ohne dass sie das höllische Gebäude aufrichten.

13. Darum ist den Kindern Gottes hoch not, dass sie ernstlich beten und diesen falschen Bau lernen kennen,

18 Angesprochen ist Luthers Lehre von der Rechtfertigung des Gottlosen, die noch in nachfolgenden Generationen zu einem theologischen Streitobjekt geworden ist.

mit ihrem Gemüte davon ausgehen und nicht auch [noch] helfen aufbauen und die Kinder Gottes selber verfolgen; damit sie sich am Reiche Gottes aufhalten und verführet werden. Wie Christus zu den Pharisäern sprach: Wehe euch Pharisäer, ihr umziehet [durchstreicht] Land und Wasser, zu machen [bekehren] einen Juden-Genossen. Und wenn er es worden ist, so macht ihr aus ihm ein Kind der Hölle, zweifältig [zweimal] mehr denn ihr seid [Mt 23,15]. Welches wahrhaftig in den jetzigen Rotten [Umtrieben] und Sekten bei den Schreiern und Zanklehrern auch dergleichen geschieht.

14. [Ich] will derowegen alle Kinder Gottes, welche gedenken Christi Glieder zu sein, vor solchem gräulichen Zanke und Blut-Pauken aus den mir von Gott eröffneten Gaben treulich gewarnet haben, vom Bruderzanke auszugehen und nur schlicht nach der Liebe und Gerechtigkeit gegen alle Menschen zu trachten.

15. Denn ist einer ein guter Baum, so soll er auch gute Früchte tragen, ob er gleich bisweilen muss leiden, dass ihm die Säue seine Früchte auffressen. So soll er doch ein guter Baum bleiben und stets wollen mit Gott wirken, sich auch kein Böses lassen überwältigen. So stehet er in Gottes Acker und trägt Früchte auf Gottes Tische, welche er ewig genießen wird. Amen.

3. Vom dreifachen Leben des Menschen

1. Kapitel

In der Gewissheit, eine besondere Geistesgabe empfangen zu haben und ermächtigt zu sein, in die Geheimnisse der vom Gottesgeist durchdrungenen Schöpfung von Welt und Mensch einführen zu können, entstand unter Böhmes fleißiger Feder binnen weniger Jahre Buch um Buch, das er jeweils handschriftlich weiterreichte. Dabei musste er einräumen, dass die Ausformulierung des Mitzuteilenden nicht nur ihm selbst Mühe machte, sondern dass er auch dafür sorgen musste, das oft Schwerverständliche in immer neuer Weise auszudrücken, um manche Unklarheit zu erhellen. Darzustellen hatte er einmal mehr das Wesen des Menschen in seiner dreigegliederten Gestalt, analog zur Dreifaltigkeit Gottes. Es ging ihm zugleich um die Vergewisserung, inwiefern sich das Menschsein bei Weitem nicht nur in seiner irdischen Erscheinung erschöpft, für die es keine Wiederholung – etwa im Sinne einer Reinkarnation – gibt. Doch das Menschsein gründet im Ewigen. Da ist es beheimatet, obwohl es angesichts der Sterblichkeit den Anschein hat, im Irdischen gefangen zu sein.

Andererseits ist es Böhme immer wieder darum zu tun, „die pure Gottheit überall als ganz gegenwärtig“ zu bezeugen. Desgleichen weiß er um die Anwesenheit der göttlichen Sophia, die in der Art des guten Hirten (Psalm 23) das menschliche Leben erhält und geleitet (1,49).

1. So wir uns entsinnen unseres Lebens Anfang und wollen das halten gegen das ewige Leben, welches wir in der

Verheißung haben, so können wir nicht sagen oder finden, dass wir in diesem äußerlichen Leben daheim sind, denn wir sehen des äußerlichen Lebens Anfang und Ende, dazu die ganze Zerbrechung und endliche Verwesung unserer Leiber. Dazu sehen und wissen wir von keiner Wiederkunft in dieses Leben; [wir] haben dessen auch keine Verheißung vom höchsten und ewigen Gute.

2. So denn nun ein Leben in uns ist, welches ewig und unzerbrechlich ist; und auch ein Leben, darin die Quelle und Ursache des Lebens stehet, in welchem die höchste Fährlichkeit [Gefahr] des ewigen Verderbens, Jammers und Elendes steht, so ist uns noch zu entsinnen des Lebens Anfang, wovon solches alles herrühre und urkunde [entstamme].

3. Und so wir uns denn nun des Lebens entsinnen, was das sei, so finden wir, dass es ein brennend Feuer sei, das da zehret …

5. So befinden wir in unserm Seelen-Leben, dass noch ein großer Hunger darinnen sei nach einem andern höhern und bessern Leben, als nach dem höchsten Gut, welches das göttliche Leben genannt wird, dass sich die Seele nicht lässt an ihrer eigenen Speise begnügen, sondern begehret mit großem Sehnen und Verlangen das höchste und beste Gut …

[…]

11. Also verstehet uns in dem Wege: Obgleich die Seele also ist mit dem Sternen- und elementischen Geiste gefangen, dass dieselbe Qual[ität] in der Seelen wohnet, so hat doch die Seele eine andere Speise und lebend in einem andern Principio, ist auch eines andern Wesens. Denn ihre

Essenzien sind nicht aus dem Gestirne, sondern haben ihren Anfang und körperliche Vereinigung mit dem ewigen Bande aus der ewigen Natur, welche ist Gottes des Vaters vor dem Licht seiner Liebe, indem er in sich selber eingehet und machet ihm [sich] selber das zweite Principium in seiner Liebe, daraus er sein ewiges Wort und Herz von Ewigkeit in Ewigkeit immer gebierett, da sich dann der heilige Name Gottes immer urkundet und behält seine göttliche Natur als ein Geist im andern Principio in sich selber; und wohnet im Nichts als nur bloß in sich selber …

[…]

15. Also auch kann die Seele des Menschen nicht mit ihren Essenzien ins Licht Gottes eindringen, dasselbe zu bewältigen, sondern muss in sich selber als in einem andern Principio zu Gott eindringen in seine Liebe, denn du musst allhier eine andere neue Geburt in der Seelen verstehen …

[…]

19. Gleichwie wir mit Adams Seele sind alle aus dem Leben Gottes ausgegangen und die falsche Sucht von der Seelen unserer Eltern geerbet haben, also hat uns das Leben Gottes in Christo wieder neu geboren, dass wir im Leben Christi können wieder ins Leben Gottes eingehen.

[…]

47. … Forschet nach dem Grunde der Natur, so erfahret ihr alle Dinge und gehet nicht also toll auf den bloßen Buch-

staben der Historien und machet nicht also blinde Gesetze nach eurem Dünkel, damit ihr einander verfolget. Ihr seid hierinnen blinder als die Heiden.

48. Forschet nach der Geschrift Herzen und Geist, dass er in euch geboren werde und euch das Centrum der göttlichen Liebe aufgeschlossen werde. So möget ihr Gott erkennen und recht von ihm reden. Denn aus der Historien soll sich keiner einen Meister, Erkenner und Wisser des göttlichen Wesens nennen, sondern aus dem Hl. Geiste, welcher in einem andern Principio erscheinet im Centro des Menschenlebens und dem rechten ernstlichen Sucher erscheinet, wie uns denn Christus bei seinem Vater als im Centro des Lebens mit rechter, ernster begehrender Demut heißet anklopfen und suchen, so werden wir finden.

49. Denn niemand kann Gott seinen Herrn erkennen, recht suchen und finden ohne den Hl. Geist, welcher aus dem demütigen suchenden Herzen ausgehet und das Gemüte erleuchtet, dass die Sinne erleuchtet und die Begierde zu Gott gewendet wird, der findet allein die teure Jungfrau der Weisheit [Sophia] Gottes, welche ihn leitet auf rechter Straße und führet ihn zum frischen Wasser des ewigen Lebens und erquicket seine Seele [Ps 23]; und also wächset der neue Leib der Seelen in Christo, davon wir hernach hochteuer setzen [darstellen] wollen.

50. Wir fügen dem gottliebenden und suchenden Leser dieses von Gott zu erkennen, dass er nicht sein Gemüte und Sinnen zusammenraffe und die pure Gottheit allein hoch über den Sternen suche, in einem Himmel alleine wohnend, welcher also nur mit seinem Geiste und Kraft in dieser Welt regiere, gleichwie die Sonne in der hohen Tiefe stehet und mit ihren Strahlen allenthalben in der ganzen Welt wirket – nein!

51. Die pure Gottheit ist *überall ganz gegenwärtig* an allen Orten und Enden. Es ist überall die Geburt der heiligen Dreizahl in einem Wesen. Und die englische Welt reichet an allen Enden, wo du hinsinnest, auch mitten in der Erden, Steinen und Felsen. Also auch die Hölle oder das Reich des Zorns Gottes ist auch überall.

[...]

53. Das ewige Wort ist der ewige Wille und eine Ursache der ewigen Natur. Und die ewige Natur ist der ewige Vater, in dem alle Dinge durchs Wort sind geschaffen. Und so der ewige Wille nicht einen andern Willen in sich selber schöpfte, in sich selbst auszugehen, so wäre der Vater einig und eine strenge Finsternis; auch so hätte diese Welt als das dritte Principium nicht mögen erschaffen werden.

2. Kapitel

Zu seiner Kirchenkritik fügt Böhme seine Skepsis gegenüber „fremden Sprachen" hinzu. Der Zusammenhang, in dem dies geschieht, zeigt, dass er eine vor allem von den Theologen geübte gelehrte Begrifflichkeit meint, der der Geist der Sprache als solcher letztlich fremd bleibe. Eine fragwürdige Predigt-Beredsamkeit, mit der solche Gelehrten über die Seelen herrschen, komme – gemäß eigenem Erleben – über den Zank nicht hinaus. Dem Centrum, das heißt: der Tiefe der geistig-geistlichen Wirklichkeit bleiben sie fern.

2. Nicht lass dich betören [durch] die Gleißner [Täuscher], die nur Historien-Gelehrte sind und prangen einher mit fremden Sprachen und wollen damit geehret sein, welche

sie doch nicht in dem wenigsten verstehen. Sie verstehen nicht die Muttersprache.. Und verstünden sie die recht und die Geister der Buchstaben, so erkenneten sie darinnen die Natur.

[...]

4. Willst du suchen, so klopfe an, dass dir die rechte Tür aufgetan werde. Und suche in der Furcht und Liebe Gottes, du wirst wohl finden. Lass dich die Lästerung der Hoffärtigen nicht (be)irren, denn so dir die rechte Tür aufgetan wird, so siehest du, wie sie also blind sind. Ihre Hoffart hat die Welt geblendet, dass jedermann nur auf die Kunst der Wohlredenheit in fremden Sprachen siehet; und [sie] meinen, sie verstehens. Also regieren sie über die Seelen der Menschen, da doch ihr Wissen in eitel [nichts als] Zweifel stehet, wie das an ihrem Gezänke zu sehen ist.

5. So sage ich noch, es soll einer seine Seele nicht Menschen der Gleißnerei vertrauen, denn die Seele stehet nicht in dieser Welt, sondern im Urkunde [Urgrund] des Wesens aller Wesen und ist im Centro des ewigen Bandes, darinnen Gott, Himmel und Höllenreich stehen; und mag, so sie Gottes Liebe im Lichte erreichet, wohl die ewige Natur, dazu Gott, Himmel und Höllenreich schauen. Sie lasse sich nur nicht blenden. Es ist nicht schwer; es ist nur um die Wiedergeburt aus der Finsternis ins Licht zu tun, ohne welches du die Tiefe im Centro nicht magst erreichen.

[...]

18. So wir dann aus göttlicher Gnade das Licht erreichen und das Centrum mögen erkennen, welches unseres Lebens

Geburt ist, so haben wir Macht, das anzuzeigen … Und ob unsere Rede zwar gar einfältig erscheinet, so ist doch unsere Erkenntnis, Sinn und Begriff gar tief. [Es] darf sich derhalben keiner an der Einfältigkeit der Rede ärgern, als hätten wir nicht den tiefen Begriff. Er lese es nur mit rechtem Ernst und denke ihm in Gottesfurcht ernstlich nach. Er wird in unserm Aufschreiben wohl finden, wes Geistes Kind wir gewesen sind. Wir wollen ihn treulich vor den Spöttern und Gleißnern gewarnet haben.

[…]

46. Unser Schreiben langet nicht dahin, dass wir wollen die Gottheit in der ewigen Natur ausgründen. Nein, das kann nicht sein, sondern wir wollen dem Blinden den Weg weisen, welchen er selbst gehen muss. Wir können nicht mit seinen Füßen gehen. Aber als ein Christ wollen wir ihn gerne leiten und ihm mitteilen, was wir haben; nicht uns zum Ruhme, sondern helfen pflanzen den großen Leib in Christo …

[…]

66. Ich schreibe auf die Art, wie man das göttliche Wesen soll lernen verstehen, denn wir können nicht englische Worte führenn; und ob wir die führeten, so erscheinet doch in dieser Welt alles kreatürlich, dazu vor dem irdischen Gemüte irdisch. Denn wir sind auch nicht mehr als ein Particular [Teil] aus dem Ganzen und können nicht ganz reden, sondern Stückwerk. Das soll der Leser betrachten.

67. Denn das göttliche Gemüte im Herzen Gottes ist allein ein Ganzes, und sonst nichts … Darum reden wir

vom Stückwerk und fassen das Ganze im Gemüte. Denn dazu haben wir keine Zunge auszusprechen, und führen den Leser als [wie] auf einer Leiter.

68. So wir denn wollen recht von Gott schreiben oder reden, so müssen wir vom Lichte und von der Flamme der Liebe reden, denn darinnen wird Gott verstanden.

Mit einer Ermahnung jener Theologen, von denen Böhme den Eindruck hat, sie seien nicht die rechten Hirten der Herde Christi, sondern dem Ungeist Babels verhaftet, beschließt er das Kapitel.

94. Das lasset euch, ihr Theologi [ihr Theologen], ein Licht sein, und betrachtet die Schriften der Heiligen besser und sehet die Wunder Gottes mit andern Augen an. Betrachtet, was Gott in Liebe und Zorn sei, und merket wie zwei Principia offen stehen, da ein jedes begehret. Lasset ab von der natürlichen Weisheit dieser Welt und betrachtet die ewige Natur, so findet ihr Gott und Himmelreich. Eure Gesetze tuns nicht. Es muss ein anderer Ernst sein, wollet ihr Gott erkennen. Ihr müsset aus Babel ausgehen, dass ihr das Centrum des Sohnes Gottes erreichet. So werdet ihr in der Sanftmut und Liebe geboren. Dann möget ihr Christi Schafe weiden, sonst seid ihr Mörder und Diebe und steiget ins Centrum der Grimmigkeit, da ihr nur Christi Schafe fresset mit eurem höllischen Feuer-Aufblasen. O wie fälschlich handelt ihr gegen die Liebe! Wie wollt ihr doch erscheinen, so die Sonne aufgehet und ihr im Lichte stehet? [Es] soll euch hernach unter [vor] Augen gestellet werden.

3. Kapitel

[…]

4. Wir wollen den Leser treulich vermahnet haben, dass er unsern Sinn nicht in der Weisheit dieser Welt suche, sondern im Licht der ewigen Natur, dahin wir ihn dann auch wollen gewiesen haben als in die neue Wiedergeburt, ins Leben Christi. Sonst sind wir ihm stumm und unverstanden, und mag er außer diesem diese Schriften wohl ungemeistert [nicht beurteilt] lassen …

5. Wir wollen ihm das Licht gerne gönnen, um welches willen diese Hand die tiefen Geheimnisse also aufgeschrieben hat; nicht zu ihrem Vorteil, den es vorhin hat, sondern um der Lilien und der englischen Welt willen …

7. Siehe auch nicht auf die Hand dieser Feder. Sie vermag nichts, sondern [siehe] aufs Centrum, da[raus] das Licht scheinet. Es scheinet nicht alleine aus dieser Hand, sondern in der ganzen Welt als ein aufgetanes Siegel in dem ewigen Centro. Es mag ein jeder zugreifen. Es ist nicht allein außer ihm, sondern in ihm und heißet nur aufschließen und grünen mit Jesu Christo, und zeugen eine Blume aus dieser Welt in die englische Welt, davon wir allhier reden wollen und euch zeigen das ewige Wesen.

[…]

29. Mein lieber Leser, wenn du die hohen Geheimnisse willst verstehen, so [be]darfst du nicht erst eine Academiam auf deine Nase setzen und eine Brillen brauchen und vieler Meister Bücher lesen, denn sie sind nicht allein auf den hohen Schulen zu suchen, zu finden und zu gründen. Es ist

alles ein Tand ohne göttlichen Verstand, was die Vernunft in der Kunst dieser Welt suchet. Sie findet nichts mehr als diese Welt, und doch [auch sie] noch nicht halb. Sie gehet nur immer im Suchen und findet endlich Hoffart und Gleißnerei [Stolz und Prahlerei], indem sie weltliche Weisheit findet.

In dem Bestreben, seinen Lesern Hinweise und Anregungen für den inneren Weg zu geben, nennt Böhme einige Stationen. Sie sind dem Jesus-Leben entnommen. Dazu gehört das Bild von der Krippe im Stall von Betlehem; dazu gehört die Wüste als Bezeichnung und Ort der Seelenprüfung; und die von Verachtung und Verfolgung gezeichnete Passion der Christusnachfolge ist nicht ausgespart.

30. Suche nur das Wort und Herze Gottes, welches Mensch worden ist, in der Krippen beim Ochsen im Stalle in der finstern Nacht. So du dasselbe findest, so findest du Christum als das Wort im Vater, mitsamt dem Vater, Sohne und Hl. Geiste, dazu die ewige Natur, auch die englische Welt und Paradeis. Du findest deine blinde Vernunft, die dich also lange hat taumelnd als einen Trunkenen geführet. Du darfst dir nicht dein Gemüte mit hohem Sinnen zerbrechen. Du findest mit hohem Sinnen und Dichten nicht den Grund. Nur aneigene [vereinige] dein Gemüte und Sinnen mit aller Vernunft in die Liebe und Barmherzigkeit Gottes, dass du in dem Centro deines Lebens aus dem Worte und Herzen Gottes geboren werdest, dass sein Licht in deines Lebens Licht scheine, *dass du eines seist mit ihm!*

31. Denn Jesus Christus, Gottes Sohn, das ewige Wort im Vater, der da ist der Glanz und die Kraft der lichten Ewigkeit, muss *in dir* Mensch werden, willst du Gott erkennen. Sonst bist du im finstern Stalle und gehest nur suchen und

tappen, und suchest immer Christus zur Rechten Gottes, und meinest, er sei weit von dannen. Du willst dein Gemüte über die Sternen schwingen und allda Gott suchen, wie dich die Sophisten[19] lehren, welche Gott weit von dannen in einen Himmel malen.

32. ... Willst du ihn [Christus] finden, so suche ihn in seiner Qual[ität], die ist überall. Alles [ist] voll Gott und scheinet in der Finsternis. In deinem finstern Herzen ist Gott, aber in einem andern Principio. Klopfe an, so wird dir aufgetan.

33. Der Hl. Geist Gottes ist der Schlüssel im Centro. Gehe aus der Begierde des Fleisches aus in eine rechte ernste Buße und setze allein deinen Willen mit Vernunft und Sinnen in die Barmherzigkeit Gottes, so wird das Wort Gottes als sein liebes Herz in dir eine Gestalt kriegen. Dann stehest du vor der Krippen, da Jesus geboren war. So neige dich zu dem Kindlein und opfere ihm dein Herz, so wird Christus *in dir* geboren werden.

34. Alsdann musst du erst in [den] Jordan[20], so wird dich der Hl. Geist taufen. Da steht dir der Himmel offen und der Hl. Geist schwebet über dir. Aber du musst in die Wüsten und vom Teufel versuchet werden. Verstehe es recht, der Teufel wird sich an dir versuchen und dich oft in die Wüsten der Welt führen und vor deine Seele in dein fleischlich Herz treten und [es] feste zuriegeln. Da gehöret Ernst zu, dem Teufel sein Centrum zu zersprengen. Du wirst Christum oft nicht sehen. Der Teufel wird ihn dir verleugnen, er sei nicht

19 Gemeint sind offensichtlich jene, die nur den sichtbaren astronomisch messbaren Himmel gelten lassen und Gott als den jetzt und hier anwesenden Gott nicht kennen.

20 Gedacht ist an die Taufe Jesu im Jordan, die dem Wiedergeburtsprozess des Menschen als Leitbild zugrunde liegt. Dann ist auf die Versuchung angespielt, die Jesus zu bestehen hatte.

in dir Mensch worden, denn du stehest also als ein Licht im Centro mit der Finsternis umgeben und bist ein Gewächse im Leben Gottes aus der finstern strengen Natur.

35. Darum besinne dich; alsdann siehe und stehe fest, wie Christus täte. Tue nicht wie Adam, der sich ließ gelüsten des Geistes dieser Welt und führet uns in die fleischliche Finsternis.

36. Du musst mit Christo verfolget, verspottet und gehöhnet werden, willst du in den Wundern Gottes schweben. Und so du in ihm bleibest, so bleibet er in dir. So magst du suchen, was du willst. Du findest, was nur dein Begehren ist; anders suchest du vergebens in der Gottheit. Und wenn du es gleich aufs Höchste bringest, so findest du nur [dich] in dieser Welt. Das sei dir zu Warnung gesetzet, so du willst suchen, finden und erkennen, was hiernach geschrieben ist von den sieben Siegeln Gottes und des Lamms [Offb 5,1 ff].

37. Dieweil wir dem Leser möchten schwer zu verstehen sein, aber doch dem aus Gott Geborenen gar leicht, und auch unser Fürnehmen [Absicht] anders nicht ist, als dem Blinden den Weg zu weisen. Siehe, so wollen wir euch die Offenbarung Johannis mit den sieben Geistern und sieben Siegeln Gottes zeigen, welches ist die Offenbarung Jesu Christi, da sich die ganze Gottheit hat in der Menschheit offenbaret …

Böhme macht in diesem Zusammenhang auf die aktuelle Bedeutung der Offenbarung des Johannes aufmerksam, weil er überzeugt ist, dass in seiner Gegenwart die Zeit der Öffnung des siebten Siegels angebrochen sei. Das entspricht einer Zeit der Entscheidung. In diesem Sinn will er helfen, raten und mahnen. Der Tag der Morgenröte habe bereits begonnen. In dieser Situation sind Zweifel und Religions-

streit nicht am Platz, zumal er den unstudierten Laien irritiert und belastet.

82. Darum merkets ihr Schlafenden und wachet auf, der Tag bricht an! Es ist hohe Zeit, dass euch nicht der Zorn in Babel ergreife. Es ist großer Ernst vorhanden. Lasset ab vom Zanke um den Kelch Christi.. Ihr werdet vor Gott als Narren erfunden. Es lieget nicht an euren [Vernunft-]Schlüssen, dass ihr euch rottet [verbündet] und schließt [folgert, wenn ihr sagt]: So wollen wir glauben, so wollen wirs haben, so kann die Kirche Gottes erhalten werden. – Und der andere Part spricht dawider; und heißet einander Ketzer und führet also den blinden Laien in eurem Zweifelszanke und eurer Hoffart gefangen. Ihr bindet den rechten Verstand an eure Kunst. Wer nicht studieret hat, der soll nichts wissen von den Geheimnissen Gottes.

[...]

84. Wo ist euer apostolisch Herze? Habt ihr Christus, warum zanket ihr dann um ihn und macht den Laien auch zankend, da er doch nicht weiß, was er tut. Er fiedelt auf eurer Geigen und lässet eher das Leben als er vom Irrtum ausginge ins Leben Christi.

85. O du einfältige Heiligkeit, warum nimmst du nicht Christus, deinen treuen Hirten, zum Hirten an und lässest die Wölfe fahren? Du darfst um Christi Reich gar nicht zanken. Die Wölfe haben auch keine Gewalt, dir dasselbe zu nehmen oder zu geben. Du darfst auch nicht fragen: Wo ist Christus? Ist er im Abendmahl und in der Taufe, ist er im Gehör des Predigtamts, wie man denn heute so hart darauf dringet?

86. Schaue nur zu und anneige dein Herze, Sinnen und Gemüte in Christum, dass Christus in dir geboren wird, so hast du Christum, Taufe, Sakrament und den Hl. Geist an allen Orten. Du hast ihn im Gehör des göttlichen Wortes.

87. Die Bundes[schlüsse] und Testamenta Christi, so die ohne Glaube lange gebrauchet werden, sind nur verborgene Siegel. So du aber in Christo geboren wirst, so sind sie dir aufgetane Siegel in deinem Herzen, in deiner Seelen. Es ist alles dein; Christus ist in dir und du bist in ihm, und Christus ist auch im Vater und du bist in Christo auch im Vater. Und der Hl. Geist gehet aus dem Vater in Christo aus, und auch in dir. Das Wort des Lebens ist immer in dir. Was suchest du dann zu deiner Seligkeit? So du hörest von Gott lehren, so lehret auch der Geist aus deinem Herzen. Und ist eine Liebe, ein Christus, ein Gott, eine Seligkeit. An allen Orten, wo du bist, ist die HimmelsPorte. Sie ist nicht allein im Steinhaufen der Kirche, da man glänzet vor Hoffart, sondern wo bußfertige reuige Menschen beieinander sind, die mit Begierde nach Gottes Barmherzigkeit trachten, die da gerne reden von der Liebe und von den Wundern Gottes.

[…]

90. Darum tut eure Augen auf, ihr Kinder Gottes, und gehet in [den] Tempel Christi und hanget nicht am Tempel der Gleißnerei, an den Heuchlern und Mördern. Nicht verbiete ich die steinerne Kirche darum, sondern ich lehre den Tempel Christi an allen Orten. In der Kirchen wird die größte Pracht getrieben.

91. So du willst in Christi Tempel eingehen, so musst du ein demütiges, zerschlagenes und zerbrochenes Herze bringen, das sich sehnet nach Gottes Reich. Es muss nicht

in Heuchelei stehen, da man mit den [äußeren] Gebärden sich demütig, heilig und andächtig erzeiget, aber die arme Seele außer Christi Tempel lässet zu den sieben Geistern der Finsternis, da nur der Mund ein Christ ist und das Herze im Zweifel, auch wohl in eitel Wollüsten des Fleisches.

92. O ihr blinden Sophisten, was habe ich mit euch zu tun, dass ich von euren Wundern schreiben muss, habe ich doch nicht euren Weg gesuchet, sondern das Herze Gottes, mich zu verbergen in Christo. Ich wollte allein mit der Jungfrau in der Offenbarung [Kap. 12,1 – 6], welche auf dem Monden stehet, in die Wüsten fliehen vor dem Drachen, und muss nun selber den Drachen anzeigen. – Herr, du tust, was du willst; deine Wege sind eitel Wunder.

4. Vom übersinnlichen Leben

Im Gespräch eines Meisters mit seinem Jünger

Ähnlich wie die Schrift „Von der neuen Wiedergeburt" gehört der nachfolgende dialogisch angelegte Text (De vita mentali) zu den acht meditativen „Büchlein", die in der hier benutzten maßgebenden Gesamtausgabe der Werke Böhmes von 1730 in „Weg zu Christo" (Christosophia) zusammengefasst sind. Hier tritt das spekulative, mancherlei Rückfragen aufwerfende Element zurück. Durch den katechismusartigen Stil erreicht der Autor eine größere Unmittelbarkeit, mit der er seine Freunde wegweisend anspricht. Wichtig ist ihm, dass man sich übend auf die Anweisungen des spirituellen Meisters einlässt. Wiederholungen und wiederkehrende gedankliche Neuansätze entsprechen dem Wesen der meditativen Vergegenwärtigung. Seinen Lesern bleibt es überlassen, die Aussagen bald wörtlich, bald im übertragenen Sinn zu verstehen, wenn es beispielsweise darum geht, „die Welt zu verlassen", das heißt: eine neue Lebenseinstellung zu gewinnen, die einem spirituellen Leben (vita mentalis) entspricht.

1. *Der Jünger sprach zum Meister:* Wie mag ich kommen zu dem übersinnlichen Leben, dass ich Gott sehe und höre reden? – *Der Meister sprach:* Wenn du dich magst einen Augenblick in das schwingen, da keine Kreatur wohnet, so hörest du, was Gott redet.

2. *Der Jünger*: Ist das nahe oder ferne? – *Der Meister*: Es ist in dir; und so du magst eine Stunde schweigen von allem deinem Wollen und Sinnen, so wirst du unaussprechliche Worte Gottes hören.

3. *Der Jünger*: Wie mag ich hören, so ich von Sinnen und Wollen stille stehe? – *Der Meister*: Wenn du von Sinnen und Wollen deiner Selbheit stille stehest, so wird in dir das ewige Hören, Sehen und Sprechen offenbar, und höret und siehet Gott durch dich. Dein eigen Hören, Wollen und Sehen verhindert dich, dass du Gott nicht siehest noch hörest.

4. *Der Jünger*: Womit soll ich Gott hören und sehen, so er über Natur und Kreatur ist? – *Der Meister*: Wenn du stille schweigest, so bist du das, was Gott vor Natur und Kreatur war, daraus er deine Natur und Kreatur schaffte. So hörest und siehest du es mit dem, damit Gott in dir sah und hörete, ehe dein eigen Wollen, Sehen Hören anfing.

5. *Der Jünger*: Was hält mich dann auf, dass ich nicht dahin kommen mag? – *Der Meister*: Dein eigen Wollen, Hören und Sehen und dass du wider das strebest, daraus du kommen bist. Mit deinem eigenen Wollen brichst du dich von Gottes Wollen ab; und mit deinem Sehen siehest

du nur in dein Wollen. Und dein Wollen verstopfet dir das Gehör mit Eigensinnlichkeit irdischer, natürlicher Dinge und führet dich in einen Grund ein und überschattet dich mit dem, das du willst, auf dass du nicht magst zu dem Übernatürlichen, Übersinnlichen kommen.

6. *Der Jünger*: So ich in Natur stehe, wie mag ich aber durch die Natur in den übersinnlichen Grund kommen, ohne Zerbrechung der Natur? – *Der Meister*: Dazu gehören drei Dinge. Das erste ist, dass du deinen Willen Gott ergebest und dich zu Grund in seine Barmherzigkeit ersenkest. – Das andre ist, dass du deinen eigenen Willen hassest und nicht tust, wozu dich dein Wille treibet. – Das dritte ist, dass du dich dem Kreuze unsers Herrn Jesu Christi in Geduld unterwerfest, auf dass du die Anfechtung der Natur und Kreatur ertragen mögest. Und so du das tust, so wird dir Gott einsprechen und deinen gelassenen Willen in sich, in den übernatürlichen Grund einführen, so wirst du hören, was der Herr in dir redet.

7. *Der Jünger*: So müsste ich die Welt und mein Leben verlassen, so ich das täte? – *Der Meister*: So du die Welt verlässest, so kommst du in das, daraus die Welt gemacht ist. Und so du dein Leben verlierest und in Ohnmacht deines Vermögens kommest, so stehet es in dem, um deswillen du es verlässest, als in Gott, daraus es in [den] Leib kam.

8. *Der Jünger*: Gott hat den Menschen in das natürliche Leben geschaffen, dass er herrsche über alle Kreaturen auf Erden und er ein Herr sei über alles Leben in dieser Welt; darum so muss er es ja eigentümlich [als Eigentum] besitzen. – *Der Meister*: Ists, dass du allein äußerlich über die Kreaturen herrschest, so bist du mit einem Willen und Herrschung [Herrschaft] in tierischer Art und stehest nur in bildlicher, vergänglicher Herrschung. Auch führest du

deine Begierde in tierische Essenz, davon du infiziert und gefangen wirst, und auch tierische Art bekommest. Ists aber, dass du die bildliche Art verlassen hast, so stehest du [im übertragenen Sinn] in der Über-Bildlichkeit und herrschest in dem Grunde über alle Kreaturen, aus dem sie geschaffen sind; und mag dir auf Erden nichts schaden, denn du bist mit allen Dingen gleich, und ist dir nichts ungleich.

9. *Der Jünger*: O lieber Meister, lehre mich doch, wie ich zum nähesten dahin kommen möge, dass ich allen Dingen gleich sei. – *Der Meister*: Gerne gedenke an die Worte unseres Herrn Jesu Christi, da er sprach: Es sei denn, dass ihr umkehret und werdet als die Kinder, sonst sollet ihr Gottes Reich nicht sehen [Mt18,3]. – Ists nun, dass du willst allen Dingen gleich werden, so musst du alle Dinge verlassen und deine Begierde von ihnen abwenden und ihrer nicht begehren, noch dich um das annehmen zu einem Eigentum zu besitzen, das etwas ist. Denn sobald du das Etwas in deine Begierde fassest und zum Eigentum in dich einlässest und nimmst, so ist das Etwas *ein* Ding mit dir und wirket mit dir in deinem Willen. So bist du schuldig, dasselbe zu beschirmen und dich dessen anzunehmen [zu beanspruchen] als deines eigenen Wesens. So du aber nichts in deine Begierde einnimmst, so bist du von allen Dingen frei und herrschest zugleich auf einmal über alle Dinge …

10. *Der Jünger*: O Meister, die Kreaturen, welche in mir leben, halten mich, dass ich mich nicht kann ganz erheben, wie gern ich wollte. – *Der Meister*: So dein Wille von den Kreaturen ausgehet, so sind die Kreaturen in dir verlassen und sind in der Welt, und ist nur dein Leib bei den Kreaturen. Du aber wandelst geistlich mit Gott. Und so dein Wille die Kreaturen verlässet, so sind die Kreaturen in ihm gestorben und leben nur in dem Leibe in der Welt. Und so

sich der Wille nicht in sie einführet, so mögen sie die Seele nicht berühren. Denn St. Paulus saget: Unser Wandel ist im Himmel [Phil 3,20]. – Item: Ihr seid ein Tempel des Heiligen Geistes, der in euch wohnet [1 Kor 6,19]. – So wohnet nun der Hl. Geist im Willen und die Kreaturen im Leibe.

11. *Der Jünger*: So der Hl. Geist im Willen des Gemütes wohnet, wie mag ich mich verwahren [versichern], dass er nicht von mir weichet? – *Der Meister*: Höre die Worte unsers Herrn Jesu Christi, der sprach: So ihr an meiner Rede bleibet, so bleiben meine Worte in euch. – Ists dass du mit deinem Willen in den Worten Christi bleibest, so bleibet sein Wort und Geist in dir. Ists aber, dass dein Wille in die Kreaturen gehet, so hast du dich von ihm gebrochen, so magst du dich anders nicht verwahren, du bleibest dann stets in gelassener Demut und begebest dich in eine immerwährende stete Buße, dass dich immer reue, dass Kreaturen in dir leben. So du das tust, so stehest du im täglichen Sterben der Kreaturen und in täglicher Himmelfahrt nach dem Willen.

12. *Der Jünger*: O lieber Meister, lehre mich doch, wie ich möge in solche stets währende Buße kommen. – *Der Meister*: Wenn du das verlässest, das dich liebet, und liebest das, das dich hasset, so magst du immerdar darinnen stehen.

[…]

23. *Der Jünger:* Wie mag das sein oder geschehen, dass ich liebe, was mich verachtet? – *Der Meister:* Jetzt liebest du irdische Weisheit. Wenn du aber überkleidet bist mit himmlischer [Weisheit], so siehest du, dass aller Welt Weisheit nur Torheit ist und dass die Welt nur deinen Feind hasset als das sterbliche Leben, dass du selber auch hassest in deinem

Willen, so hebest du an, Verachtung des sterblichen Lebens auch zu lieben.

24. *Der Jünger*: Wie mag aber das beieinander stehen, dass sich ein Mensch liebe und auch hasse? – *Der Meister*: Was du liebest, das liebest du nicht als eine Einheit, sondern als eine gegebne Liebe Gottes. Du liebest den göttlichen Grund in dir, dadurch du Gottes Weisheit und Wunderwerke samt deinen Brüdern liebest. Was du aber hassest, das tust du nach deiner Deinheit, in welcher dir das Böse anhanget, das tust du, dass du gerne wolltest die Ichheit [Egoismus] gar zerbrechen und sie dir würde zu einem ganz göttlichen Grunde. Die Liebe hasset die Ichheit, darum dass die Ichheit ein sterblich Ding ist; und mögen nicht wohl beisammenstehen. Denn die Liebe besitzt den Himmel und wohnet in sich selber. Aber die Ichheit besitzet die Welt samt ihren Wesen und wohnet auch in sich selber. Gleichwie der Himmel die Welt beherrschet und die Ewigkeit die Zeit, also auch herrschet die Liebe über das natürliche Leben.

25. *Der Jünger*: Lieber Meister, sage mir doch, warum muss Liebe und Leid, Freund und Feind beisammen stehen; wäre es nicht besser eitel Liebe? – *Der Meister*: Wenn die Liebe nicht im Leid stünde, so hätte sie nichts, das sie lieben könnte. Weil aber ihr Wesen, das sie liebet als die arme Seele in Leid und Pein stehet, so hat sie Ursache ihr eigen Wesen zu lieben und das von Pein zu erretten, auf dass sie wieder geliebet werde. Auch möchte nicht erkannt werden, was Liebe wäre, so sie nicht hätte, das sie möchte lieben.

26. *Der Jünger*: Was ist die Liebe in ihrer Kraft und Tugend und in ihrer Höhe und Größe? – *Der Meister*: Ihre Tugend [Wesen und Beschaffenheit] ist das Nichts und ihre Kraft ist durch alles. Ihre Höhe ist so hoch als Gott und

ihre Größe ist größer als Gott. Wer sie findet, der findet Nichts und Alles.

27. *Der Jünger*: O lieber Meister, sage mir doch, wie ich das verstehen mag! – *Der Meister*: Dass ich sprach, ihre Tugend sei das Nichts, das verstehest du, wenn du von der Kreatur ausgehest und aller Natur und Kreatur ein Nichts wirst; so bist du in dem einen Ein; das ist Gott selber. So empfindest du der Liebe höchste Tugend [Wesenheit]… – Dass ich auch gesprochen, ihre Größe wäre größer als Gott, das ist auch wahr, denn wo Gott nicht wohnet, da gehet die Liebe hinein. Denn da unser lieber Herr Christus in der Höllen stund, so war die Hölle nicht Gott, aber die Liebe war da und zerbrach den Tod. Auch wenn dir Angst ist, so ist Gott nicht die Angst, aber seine Liebe ist da und führet dich aus der Angst in Gott. Wenn Gott in dir sich verbirget, so ist die Liebe da und offenbaret ihn in dir. – Und dass ich weiter gesaget: Wer sie findet, der findet Nichts und Alles, das ist auch wahr, denn er findet einen übernatürlichen, übersinnlichen Ungrund, da keine Stätte zu ihrer Wohnung ist, und findet nichts, das ihr gleich sei. Darum kann man sie mit nichts vergleichen, denn sie ist tiefer als Ichts [ein Etwas]. Darum ist sie allen Dingen als ein Nichts, weil sie nicht fasslich ist. Und darum, dass sie nichts ist, so ist sie von allen Dingen frei und ist das einige Gute, das man nicht [aus]sprechen mag, was es sei. – Dass ich aber endlich sagte, der finde alles, wer sie findet, das ist auch wahr. Sie ist aller Dinge Anfang gewesen und beherrschet alles. So du sie findest, so kommest du in den Grund, daraus alle Dinge sind herkommen und darinnen sie stehen; und bist in ihr ein König über alle Werke Gottes.

[…]

36. *Der Jünger* fragte ferner den Meister: Wo fähret die Seele dann hin, wenn der Leib stirbet, sie sei selig oder verdammt? – *Der Meister:* Sie [be]darf keines Ausfahrens, sondern das äußere, sterbliche Leben samt dem Leibe scheiden sich nur von ihr. Sie hat Himmel und Hölle zuvor *in sich,* wie geschrieben stehet: Das Reich Gottes kommt nicht mit äußerlichen Gebärden; man wird auch nicht sagen: Siehe hier oder da ist es. Denn sehet, das Reich Gottes ist *inwendig in euch.* Welches in ihr offenbar wird, entweder der Himmel oder die Hölle, darinnen stehet sie.

37. *Der Jünger*: Fähret sie dann nicht in Himmel oder Hölle ein, wie man in ein Haus hineingehet oder wie man durch ein Loch in eine andere Welt eingehet? – *Der Meister*: Nein, es ist kein Einfahren auf solche Weise, denn Himmel und Hölle sind überall gegenwärtig. Es ist nur eine Einwendung des Willens, entweder in Gottes Liebe oder Zorn. Und solches geschieht bei Zeit des Leibes, davon St. Paulus saget: Unser Wandel ist im Himmel [Phil 3,20]; – und Christus spricht auch: Meine Schafe hören meine Stimme, und ich kenne sie und sie folgen mir, und ich gebe ihnen das ewige Leben, und niemand wird sie mir aus meiner Hand reißen [Joh 10,27 f.].

38. *Der Jünger*: Wie geschieht dann solch Eingehen des Willens in Himmel oder Hölle? – *Der Meister*: Wenn sich der Wille zu Grunde Gott ergibt, so ersinket er außer seiner selber, außer allem Grunde und Stätte, da allein Gott offenbar ist, wirket und will. So wird er ihm [sich] selber ein Nichts nach seinem eigenen Willen. Alsdann wirket und will Gott in ihm, und wohnet Gott in seinem gelassenen Willen, dadurch wird die Seele geheiliget, dass sie in [die] göttliche Ruhe kommt. Wenn nun der Leib zerbricht, so ist die Seele mit göttlicher Liebe durchdrungen und mit Gottes

Licht durchleuchtet wie das Feuer ein Eisen durchglühet, davon es seine Finsternis verliert. Das ist die Hand Christi, da Gottes Liebe die Seele ganz durchwohnet und in ihr ein scheinend Licht und neues Leben ist. So ist sie im Himmel und ein Tempel des Hl. Geistes und ist selbst Gottes Himmel, darinnen er wohnet. Aber die gottlose Seele will in dieser Zeit nicht in [die] göttliche Gelassenheit ihres Willens gehen ... Also wohnet sie in sich selber in der Hölle und [be]darf keines Einfahrens. Denn wo sie innen ist, so ist sie in der Hölle, und ob sie sich viel hunderttausend Meilen könnte von ihrer Stätte schwingen; so ist sie doch in solcher Qual[ität] und Finsternis.

[...]

44. *Der Jünger:* Was ist dann der Leib eines Menschen? – *Der Meister:* Er ist die sichtbare Welt, ein Bild und Wesen alles dessen, was die Welt ist. Und die sichtbare Welt ist eine Offenbarung der innern geistlichen Welt, aus dem ewigen Lichte und aus der ewigen Finsternis, aus dem geistlichen Gewirke. Und ist ein Gegenwurf der Ewigkeit, mit dem sich die Ewigkeit hat sichtbar gemacht, da eigner Wille und gelassener Wille untereinander wirket, als Böses und Gutes. Ein solches Wesen ist der äußere Mensch. Denn Gott schuf den äußern Menschen aus der äußern Welt und blies ihm die innere geistliche Welt zu einer Seelen und verständigem Leben ein. Darum kann die Seele in der äußern Welt Wesen Böses und Gutes annehmen und wirken.

45. *Der Jünger*: Was wird dann nach dieser Welt sein, wenn das alles vergehet? – *Der Meister*: Es höret nur das materialische Wesen auf als die vier Elementa, die Sonne, Mond und Sternen. Alsdann wird die innere geistliche Welt

ganz sichtbar und offenbar. Was aber in dieser Zeit ist durch den Geist gewirket worden, es sei böse oder gut, da wird sich ein jedes Werk geistlicher Art nach entweder in das Licht oder in die ewige Finsternis scheiden. Denn was aus dem Willen geboren ist, das dringet wieder in seine Gleichheit ein. Und da wird die Finsternis die Hölle genannt als eine ewige Vergessung alles Guten. Und das Licht wird das Reich Gottes genannt als eine ewige Freude und ein ewiges Lob der Heiligen, dass sie sind von solcher Pein erlöset worden …

46. *Der Jünger*: In welcher Materia oder Gestalt werden unsere Leiber auferstehen? – *Der Meister*: Es wird gesäet ein natürlicher, grober und elementarischer Leibe. Der ist in dieser Zeit den äußern Elementen gleich. Und in demselben groben Leibe ist die subtile Kraft, gleichwie in der Erden eine subtile gute Kraft ist, welche sich mit der Sonnen vergleichet und einige, welche auch im Anfange der Zeit aus göttlicher Kraft entsprungen ist, daraus auch die gute Kraft des Leibes ist genommen. Diese gute Kraft des sterblichen Leibes soll in schöner, durchsichtiger kristallinischer, materialischer Eigenschaft in geistlichem Fleische und Blute wiederkommen und ewig bleiben oder leben. Wie denn auch die gute Kraft das göttliche Licht wird in allen Wesen leuchten. Und wie die grobe Erde vergehen und nicht wiederkommen soll, also auch soll das grobe Fleisch des Menschen vergehen und nicht ewig leben. Aber vor das Gericht muss alles und im Gerichte durch das Feuer geschieden werden, beides; die Erde und die Asche des menschlichen Lebens. Denn wenn Gott die geistliche Welt noch einmal wird bewegen, so zieht ein jeder Geist sein geistliches Wesen wieder an sich, und ein Böser sein böses. Man muss aber nur eine wesentliche materialische Kraft verstehen, dass das Wesen eitel Kraft ist

gleich einer materialischen Tinktur, da die Grobheit vergehet an allen Dingen.

48. *Der Jünger*: So werden wir nicht mit den sichtbaren Leibern aufstehen und darinnen ewig leben? – *Der Meister*: Wenn die sichtbare Welt vergehet, so vergehet alles das mit, was äußerlich ist gewesen, das aus ihr ist herkommen. Von der Welt bleibet nur die himmlische, kristallinische Art und Form; also auch vom Menschen bleibet nur die geistliche Erde. Denn der Mensch wird der geistlichen Welt, welche jetzt noch verborgen ist, ganz gleich sein.

49. *Der Jünger*: Wird auch ein Mann und Weib sein im geistlichen Leben oder Kinder oder Blutsfreunde? Wird sich auch einer zum andern gesellen, wie allhier geschehen ist? –

Der Meister: Wie bist du so fleischlich gesinnet? Es ist allda kein Mann noch Weib, sondern alle nur gleich den Engeln Gottes als männliche Jungfrauen, weder Tochter, Sohn, Bruder noch Schwester, sondern alle [sind] eines Geschlechtes in Christo; alle nur Einer wie ein Baum in seinen Ästen. Und doch absonderliche [einzeln für sich stehende] Kreaturen, aber Gott alles in allem. Es wird ja eine geistliche Erkenntnis sein, was ein jeder gewesen ist und was er getan hat. Aber es ist keine Annehmlichkeit [Anspruch] oder Begierde zur Annehmlichkeit solches Wesens mehr da.

[…]

54. *Der Jünger:* Lieber Meister, sage mir doch, warum sagt Christus: Was ihr diesen Geringsten getan habt, das habet ihr mir getan, und was ihr ihnen nicht getan habt, das habet ihr mir auch nicht getan? Wie tut man Christo solches, dass

es ihm selber geschehe? – *Der Meister:* Christus wohnet wesentlich im Glauben derer, die sich ihm ganz ergeben, und gibt ihnen sein Fleisch zur Speise und sein Blut zum Trank, und besitzt also den Grund ihres Glaubens nach der Inwendigkeit des Menschen. Darum dann ein Christ eine Rebe an seinem Weinstocke [ist] und ein Christ genannt wird, dass Christus geistlich in ihm wohnet. Und was man nun einem solchen Christen in seinen leiblichen Nöten tut, das tut man Christo selber, welcher in ihm wohnet. Denn ein solcher Christ ist nicht sein eigen, sondern Christo ganz ergeben …

Als Böhme 1622 seinen Dialog „Vom übersinnlichen Leben" niederschreibt, tobt schon seit einigen Jahren der Dreißigjährige Krieg. Wenn der Görlitzer Schuster und Garnhändler mit den Seinen auch nicht unmittelbar von den Kriegshandlungen betroffen ist, so ist er doch über die Geschehnisse als solche besorgt. Es bekümmert ihn überhaupt, dass so viel Streit und Gegensätzlichkeit in der Welt sind, die sich bereits in den religiös-konfessionellen Auseinandersetzungen darstellen, unter denen die ganze Generation leidet. Doch Jakob Böhme beschränkt sich keinesfalls aufs bloße Lamentieren, weil er schon aufgrund seiner philosophischen Anschauung um die Notwendigkeit des Gegensätzlichen weiß, dass es des Widerspruchs bedarf, weil Licht und Finsternis, Gut und Böse zur Ganzheit des In-der-Welt-Seins gehören: Ohne Nein wäre das Ja ohne Kraft. Seit Heraklit habe man dergleichen Dialektik „nicht mehr gehört", schreibt schließlich Ernst Bloch mit Blick auf die geistesgeschichtliche Bedeutung Böhmes. Doch schließlich geht es dem Görlitzer Theosophen um die Überwindung des Widerwärtigen im Geist der Liebe Christi. – In den letzten Zwiegesprächen geht Böhme nochmals auf diese Problematik ein. Da lässt er seinen Meister sagen:

56. Alles, was in dieser Zeit des Streits nicht im Geiste Christi eifert und allein die Liebe begehret zu fördern, sondern Eigennutz im Streit suchet, das ist vom Teufel und gehöret in die Finsternis und wird von Christo geschieden werden. Denn im Himmel dienet alles in Demut Gott seinem Schöpfer.

57. *Der Jünger*: Warum lässet es dann Gott in dieser Zeit geschehen, dass solcher Streit ist? – *Der Meister*: Das Leben stehet im Streite, auf dass es offenbar, empfindlich, findlich und die Weisheit schiedlich und erkannt werde. Und [es] dienet zur ewigen Freude der Überwindung. Denn in den Heiligen in Christo wird ein großes Lob daraus entstehen, dass Christus in ihnen die Finsternis und alle Eigenheit der Natur überwunden hat und sie vom Streite erlöset sind. Dessen werden sie sich ewig erfreuen, wenn sie erkennen werden, wie es den Gottlosen vergolten wird. So lässet nun Gott die Dinge im freien Willen stehen, auf dass die ewige Herrschaft nach Leid und Zorn, nach Licht und Finsternis offenbar und erkannt werde, und ein jedes Leben sein Urteil in sich selber [ver]ursache und erwecke. Denn was jetzt den Heiligen in ihrem Elende ein Streit und Pein ist, das wird ihnen in große Freude verwandelt werden. Und was den Gottlosen eine Lust und Freude in der Welt ist, das wird ihnen in ewige Pein und Schande verkehret werden. Und darum muss den Heiligen ihre Freude aus dem Tode entstehen, gleichwie das Licht aus der Kerzen durch das Sterben und Verzehren im Feuer entstehet, auf dass das Leben also der Peinlichkeit der Natur los werde und eine andere Welt besitze. Gleichwie das Licht gar andere Eigenschaft hat als

das Feuer und sich selbst gibt, und das Feuer aber sich selber nimmt und frisset, also auch grünet das heilige Leben der Sanftmut durch den Tod aus, da der eigene Wille erstirbet und alleine Gottes Liebe-Wille alles in allem regieret und tut.

58. Denn also hat das Ewige eine Empfindlichkeit und Schiedlichkeit angenommen und sich wieder durch den Tod mit der Empfindlichkeit in großem Freudenreich ausgeführet, auf dass ein ewiges Spiel in der unendlichen Einheit sei und eine ewige Ursache zum Freudenreich. So muss nun die Peinlichkeit [das Pein Verursachende] ein Grund und Ursache sein zu solcher Bewegnis. Und in diesem lieget das Mysterium der verborgenen Weisheit Gottes.

Wer da bittet, der empfähet; wer da suchet, der findet; und wer da anklopfet, dem wird aufgetan.

Die Gnade unsers Herrn Jesu Christi und die Liebe Gottes und die Gemeinschaft des Hl. Geistes sei mit uns allen. Amen.

5. Gespräch einer erleuchteten und unerleuchteten Seele

Im Bestreben, den Fragen und Unsicherheiten seiner Freunde zu entsprechen, ihnen mit Rat und Ermutigung beizustehen, wählte Böhme auch hier die Form eines Gesprächs im Frage- und Antwortstil. Es handelt sich um eines jener meditativ gehaltenen „acht Büchlein", zu denen auch das „Gespräch einer erleuchteten und unerleuchteten Seele" gehört.

Die kleine, in seinem letzten Lebensjahr (1624) abgefasste Schrift will zeigen, „wie eine erleuchtete Seele die andere suchen, trösten und in ihrer Erkenntnis mit auf die Pilgrim-Straße Christi führen und ihr den dornigen Weg dieser Welt ... treulich zum Spiegel vor Augen stellen soll". Mit diesen Worten wird auf dem Titelblatt der Ausgabe von 1730 dieser „Sendbrief" charakterisiert. Der damalige Herausgeber betitelte dieses siebente Büchlein als „Colloquium viatorum" (Gespräch der Pilger). Die Seele sieht sich mit der Macht des Widersachers konfrontiert und bedroht. Darüber gerät sie in ein jähes Erschrecken. Nicht anders ist es dem Berichterstatter ergangen, wie er schon im 19. Kapitel seiner Erstlingsschrift „Aurora" von sich berichtet hat. Es handelt sich wohl zugleich um ein auf zwei Personen verteiltes Selbstgespräch, denn bald dunkel, bald erleuchtet zu sein, widerfährt einem jeden selbst.

Die hier vorgelegte Auswahl bezieht sich – ähnlich wie in der vorangegangenen Schrift – auf einzelne Abschnitte. Ihren Ausgang nehmen die „Gespräche" von der notvollen Situation der menschlichen Seele. Von ihrem Ursprung im Licht entfernt, sucht sie mit den Irritationen, Belastungen und Versuchungen des alltäglichen Lebens fertig zu werden. Darüber wird ihr „die dunkle Nacht der Seele" zugemutet, die Böhmes älterer Zeitgenosse Johannes vom Kreuz (1542 – 1591) aus eigener Erfahrung heraus bezeugt hat. Eine Erscheinungsweise dieser „Nacht" ist für ihn die Empfindung, ausgesetzt und von Gott verlassen zu sein. Es sind erfahrungsgemäß ja nicht allein die hin und wieder berichteten spirituellen Höhenerlebnisse (peak experiences), die das geistig-geistliche Leben bestimmen.

41. Durch Schickung Gottes begegnete dieser armen betrübten Seele einmal eine von Gott erleuchtete und neugeborne Seele und sprach zu ihr: Was ist dir, du betrübte

Seele, dass du so unruhig bist und in solchem Kummer stehest?

42. *Die betrübte Seele*: Mir hat der Schöpfer sein Antlitz verborgen, dass ich nicht mag zu seiner Ruhe kommen. Darum bin ich so leidig [leiderfüllt] und weiß nicht, was ich tun soll, dass ich seine Huld erlange, denn mir liegen Berge und große Klüfte vor seiner Huld, dass ich nicht kann zu ihm kommen, wie sehr ich mich doch nach ihm sehne. So werde ich doch gehalten, dass ich nicht kann seine Kraft erreichen. Und ob ich mich gleich darum ängstige und mit sehnlichem Verlangen seiner warte.

43. *Die erleuchtete Seele*: Du trägest an dir ein Larvenbildnis [Maske] des Teufels. Das ist der Schlangen gleich, und bist [von ihm] umgeben. Darin hat der Teufel Zutritt zu dir als zu deiner Eigenschaft und hält darinnen deinen Willen auf, dass er nicht mag in Gott eindringen, so würde er gesalbet mit der höchsten Kraft Gottes in der Auferstehung unsers Herrn Jesu Christi. So würde diese Salbung das Monstrum [Ungeheuer] an dir zersprengen und würde wieder dein Paradeis-Bildnis in dir offenbar werden. So verlöre der Teufel seine Macht an dir, und würdest du wieder ein Engel.[21] Und dieweil er dir solches nicht gönnet, so hält er dich in seiner Begierde in deiner Fleischeslust gefangen. Und so du nicht davon los wirst werden, so bist du von Gott geschieden und kommst nimmermehr in unsere Gesellschaft.

44. Vor dieser Rede erschrak die arme *betrübte Seele* also sehr, dass sie kein Wort mehr sprechen mochte, indem sie hörte, dass sie der Schlangen Bild an sich trüge, welches sie abscheidete und dass ihr der Teufel darinnen so nahe wäre

21 Gemeint ist die lichte Ursprungsgestalt der Seele vor dem Fall.

und ihren Willen in falsche Gedanken einmischete, und dass er solche Gewalt an ihr hätte und sie der Verdammnis also nahe wäre und im Abgrund der Höllen stünde, in Gottes Zorn gefangen, und wollte an der Gnade Gottes verzagen.

45. Aber die Kraft ihrer Zerschellung [Niedergeschlagenheit] hielte sie, dass sie verzagte, und rang also in sich selber in Hoffnung und Zweifel. Was die Hoffnung aufbauete, das riss der Zweifel nieder und stund in stetiger Unruhe, also dass ihr letztlich die Welt mit aller ihrer Schöne ein Ekel ward und keine Freude dieser Welt mehr pflegen wollte, und mochte doch auch nicht zur Ruhe kommen.

46. Auf eine Zeit kam die *erleuchtete Seele* wieder zu ihr und fand sie in solchen Ängsten und sprach zu ihr: Was ists, das du tust? Willst du dich zerbersten in deinen Ängsten? Warum quälst du dich in eigenem Vermögen [Können] und Willen, so du doch ein Wurm bist und deine Qual dadurch nur größer wird? Ja, wenn du dich in die Tiefe des Meeres ersenktest oder möchtest an die Morgenröte fliegen und dich über die Sternen schwingen, so würdest du doch also nicht los. Denn je mehr du dich ängstest, je größer und peinlicher wird deine Natur; und kommst doch also nicht zur Ruhe, denn dein Vermögen ist alles verloren. Gleichwie ein dürrer Kohl aus eigenem Vermögen nicht wieder grünet und Saft bekommt, dass er sich wieder mit den Bäumen freuen mag, also magst du auch nicht in eigenem Vermögen die Stätte Gottes erreichen und dich wieder in deine erste gehabte Engelsgestalt verwandeln. Denn du bist an Gott verdorret und erstorben wie der Kohl an seiner Kraft und Saft, und bist nur ein ängstlicher, dürrer Hunger. Deine Eigenschaften sind gleichwie die Hitze und Kälte, welche im Streite stehen und nimmer eins werden.

47. *Die arme Seele*: Was soll ich dann tun, dass ich wieder grüne und mein erstes gehabtes Leben bekomme, darin ich in Ruhe stand, ehe ich ein [irdisches] Bild war?

48. *Die erleuchtete Seele*: Du sollst nichts tun, sondern deinen eigenen Willen [mit] eigener Annehmlichkeit [Anmaßung] verlassen, so werden deine bösen Eigenschaften alle schwach und verwegen sich zu sterben. So ersinkest du mit deinem Willen wieder in das Eine, daraus du am Anfang hergekommen bist. Denn du liegest jetzt in den Kreaturen gefangen. So nun dein Wille dieselben verlässet, so sterben die Kreaturen mit ihrer bösen Neiglichkeit in dir, welche dich jetzt aufhalten, dass du nicht magst [kannst] zu Gott kommen.

[...]

50. *Die arme Seele:* Wie soll ich meinen eigenen Willen verlassen, auf dass die Kreaturen darinnen sterben, weil [solange] ich in der Welt lebe und die Welt haben muss?

51. *Die erleuchtete Seele*: Jetzt hältst du zeitliche Ehre und Gut, dazu die Wollust des Fleisches für dein Eigentum und achtest leicht[fertig], was du darinnen tust oder wie du dasselbe an dich ziehst. Und wenn du gleich siehest den Elenden Not leiden, der doch dein Bruder ist, noch rettest du ihn nicht, sondern ziehst ihn an deinem Bande und quälest ihn, indem du sein Werk und Mühe an dich ziehst und dich darinnen belustigest. Dazu bist du in diesem starrend und hochmütig und erhebst dich wider ihn, und achtest ihn gering gegen dich.

[...]

56. Du musst recht betrachten, wie dass du in solchem Wandel der Welt in Gottes Zorne und im Fundament der Höllen wandelst, dass es nicht dein recht Vaterland sei und dass ein Christ solle und müsse in Christo leben und wandeln und Christo nachfolgen; und dass er anders kein Christ sein könne, es lebe denn Christi Geist in ihm, dass er derselben ganz ergeben sei.

57. Nun ist Christi Reich nicht von dieser Welt, sondern im Himmel. Deswegen musst du in einer stets währenden Himmelfahrt stehen, so du willst Christo nachfolgen, und ob du gleich nach dem Leibe bei den Kreaturen wandeln musst und deren pflegen.

58. Der schmale Weg zu solcher stets währenden Himmelfahrt und Nachfolge Christi ist dieser: Du musst an all deinem eigenen Können und Vermögen verzagen, denn in eigener Kraft erreichest du nicht die Porten Gottes: Und musst dir festiglich fürnehmen [vornehmen], dich gänzlich der Barmherzigkeit Gottes zu ergeben und dir das Leiden und den Tod unsers Herrn Jesu Christi festiglich einbilden [imaginativ einprägen] und dich mit aller Vernunft und Sinnen darein ersenken, darinnen wollen immerdar beharren und deinen Kreaturen darinnen begehren abzusterben.[22]

59. Daneben sollst du dir ganz festiglich einbilden, deine Lust und Gemüte von aller falschen Annehmlichkeit [Anmaßung] abzuwenden und dich nicht lassen zeitliche Ehr und Gut halten, auch von dir wegtun, was unrecht ist, [was] dich daran hindern mag. Dein Wille muss ganz lauterlich [vollkommen] sein und in einen solchen ernsten Vorsatz

22 Diese Anweisungen stehen im Zusammenhang mit anderen Stellen in seinen meditativen Schriften zur Christosophia. Böhme liegt daran, dass der auf dem Weg zur Wiedergeburt befindliche Mensch sich durch Leiden und Auferstehung Christi imprägniere.

gerichtet, dass du nimmermehr willst wieder in deine falschen Kreaturen [Unzulänglichkeiten] eingehen, sondern sie zur selben Stunde verlassen und dein Gemüt von ihnen scheiden; auch dass du willst zur selben Stunde auf den lauterlichen Weg der Wahrheit und Gerechtigkeit treten und der Lehre Christi nachfolgen.

Es entspricht der realistischen Einschätzung seiner eigenen Erfahrung, dass sich Böhme nicht der Selbsttäuschung hingibt, man könne auf dem Weg der Christus-Nachfolge rasch und einigermaßen problemlos zum Ziel des Erstrebten gelangen.

68. Als nun die arme Seele solchen Prozess und Übung anfing und solchen Ernst annahm, vermeinte sie alsbald zu siegen. Aber die Porte des Himmels und der Gnaden war ihr in ihrer Kraft und Vermögen zugeschlossen, als wäre sie von Gott verstoßen und erlangete keinen Anblick der Gnaden. Da dachte sie in sich: Du bist nicht lauterlich Gott ergeben. Du willst nichts von Gott erbitten noch begehren, sondern dich in sein Gericht ergeben, dass er deine böse Annehmlichkeit [Anmaßung] töte …

70. Und als sie in solchem Ächzen und Weinen stund, so ward sie gezogen in den Abgrund der Grausamkeit, gleichsam als stünde sie vor der Höllen Porten und sollte jetzt verderben. Und ward ihr, gleich als käme sie von allen Sinnen und wäre nun ganz verlassen, dabei sie auch all ihres Tuns und Wesens vergaß, als sollte sie sich dem Tode ganz übergeben und nicht mehr eine Kreatur sein. Also dass sie sich dem Tode übergab und wollte doch anders nichts, als nur im Tode ihres Erlösers Jesu Christi … auch sterben und vergehen. [Es] hub aber in solchem Vergehen an, in sich

ganz inniglich zu der Barmherzigkeit Gottes zu seufzen und zu flehen und sich in die allerlauterste Barmherzigkeit Gottes zu versenken.

71. Als nun dies geschah, so erschien ihr das freundliche Angesicht der Liebe Gottes und durchdrang sie als ein großes Licht. Davon ward sie zitternd und freudenreich, und hub an recht zu beten und dem Allerhöchsten für solche Gnade zu danken und sich ganz inniglich zu erfreuen, dass sie von dem Tode und der Angst der Höllen erlöset war.

72. Und da schmeckete sie Gottes Süßigkeit und seine verheißene Wahrheit, und mussten zuhand [sogleich] alle bösen Geister, welche sie hatten zuvorhin geplaget und von Gottes Gnade aufgehalten, von ihr weichen. Und ward die Hochzeit des Lammes gehalten und die Vermählung der edlen Sophia mit der Seelen, und ward ihr der Siegelring des Sieges Christi in ihre Essenz eingedrückt und sie wieder zum Kinde und Erben Christi angenommen.

73. Als nun solches geschah, ward die Seele ganz freudenreich und hub an in solcher Kraft zu wirken und die Wunder Gottes zu preisen, und vermeinte, nun in solcher Kraft und Freude darinnen stets zu wandeln. Aber es überfiel sie auswendig von der Welt Spott und Schmach und inwendig große Anfechtung, dass sie anhub zu zweifeln, ob ihr Grund aus Gott sei und ob sie gewisslich die Gnade Gottes hätte erlanget.

74. Denn der Lästerer trat zu ihr und wollte ihr diesen Weg vernichtigen [zunichte machen] und in Zweifel führen und sprach in sie ein: Es ist nicht von Gott, es ist nur deine Einbildung gewesen.

75. Auch wich ihr das göttliche Licht zurück und glomm nur im inwendigen Grunde … und wusste nicht, wie ihr geschah, ob es gewiss wahr wäre, dass sie hätte das göttli-

che Gnadenlicht geschmecket, und konnte doch auch nicht davon ablassen.

[...]

79. In solchem Betrachten begegnet ihr wieder *die erleuchtete Seele* und sprach zu ihr: Was ist dir, mein Bruder, dass du so traurig bist?

80. *Die Seele* sprach: Ich habe deinem Rat gefolget und dadurch den Anblick göttlicher Süßigkeit erlanget. Aber sie ist wieder von mir gewichen. Und stehe jetzt verlassen und in großen Anfechtungen: Von außen vor der Welt, denn alle meine guten Freunde verlassen mich und spotten meiner. Auch werde ich von innen mit Angst und Zweifel angefochten und weiß nicht, was ich nun tun soll.

81. *Die erleuchtete Seele* sprach: Du gefällest mir jetzt wohl, denn jetzt wandert unser lieber Herr Christus mit und in dir seine Pilgrim-Straße auf Erden, wie er allhier auf dieser Welt getan hat, da ihm auch immerdar widersprochen ward und [er] allhier nichts Eigenes hatte. Jetzt trägest du sein Malzeichen. Lass dich das nicht wundern, denn also soll es sein, auf dass du bewähret und geläutert werdest.

82. Denn in solcher Trübsal wirst du Ursach haben oft zu beten und nach Erlösung zu hungern. Und in solchem Hunger und Durst ziehst du die Gnade von innen und außen in dich.

83. Denn du musst von oben und unten wieder ins Bild Gottes wachsen. Gleichwie ein junger Baum vom Winde beweget wird und muss in Hitze und Kälte stehen und in solcher Bewegnis von oben und unten Kraft an sich zieht und muss manchen Sturmwind ausstehen, da er in großer Fährlichkeit [Gefahr] stehet, ehe er ein Baum wird, dass er

Frucht träget. Denn in solcher Bewegnis wird der Sonnen Kraft in ihm beweglich, dadurch die wilden Eigenschaften des Baumes mit der Sonnen Kraft durchdrungen und getingieret [durchwirkt] werden, davon sie wachsen.

84. Jetzt sollst du nun erst deinen ritterlichen Kampf im Geiste Christi bewähren und selber mitwirken, denn jetzt gebieret nun der ewige Vater seinen Sohn durch seine Feuersmacht in dir, welcher sein Feuer und Licht nur ein einiges Wesen wird, welches ein wahrer Tempel Gottes ist.

85. Jetzt sollst du nun im Weinberge Christi am Weinstocke Christi grünen und mit Lehr und Leben Früchte tragen, und deine Liebe, als ein guter Baum, fruchtbarlich beweisen. Den also muss das Paradeis in dir selber wieder durch Gottes Zorn ausgrünen und die Hölle in dir in Himmel wandeln.

86. Darum lass dich die Anfechtung des Teufels nicht irren, denn er streitet um sein gehabtes [verlorenes] Reich in dir. Wenn er nun verlieret, so stehet er in Schaden und muss ganz von dir weichen. Darum verdeckt er dich von außen mit der Welt Spott, dass seine Schande nicht erkannt werde und dass du der Welt verborgen bleibest.

87. Denn du stehest mit deiner neuen Geburt im Himmel in göttlicher Harmonia. Darum sei geduldig und warte auf den Herrn. Was dir dann immer geschiehet, das denke nur, dass es vom Herrn geschehe um deiner Besserung willen. – Und also schied *die erleuchtete Seele* von ihr.

88. Diese *bekümmerte Seele* fing nun ihren Lauf unter der Geduld Christi also an und trat in die Hoffnung in göttlichem Vertrauen, und ward von Tag zu Tag mächtiger und kräftiger, und erstarben ihre bösen Neiglichkeiten [Neigungen] je mehr und mehr in ihr, bis sie in ein großes Gnadenreich gesetzt ward und ihr die Porten göttlicher

Offenbarung aufgetan wurden und das Himmelreich in ihr offenbar ward.

89. Also kam sie wieder in die rechte Ruhe[23] und ward wieder ein Kind Gottes. Dazu helfe uns Gott allen. Amen.

6. Theosophische Sendbriefe

Erster Brief: An Carl von Ender

Im Blick auf die Vertiefung in Leben und Schaffen Jakob Böhmes ist die Lektüre seiner „Theosophischen Sendbriefe" unverzichtbar. Es handelt sich hierbei um Schreiben, die sich auf die Jahre 1618 bis 1624 beziehen, also bis in seine letzte Lebenszeit reichen. Empfänger sind die Freunde und Leser seiner Bücher, unter ihnen jene, die sich um die Kopien seiner Handschriften verdient gemacht haben. Zum einen geht es um ergänzende Aufschlüsse seiner Theosophie, die nach eigenem Bekunden mancher Erläuterung bedürftig ist. Er beantwortet Fragen und verweist je nach den sich ergebenden Unklarheiten auf die eine oder andere seiner Schriften, in denen das betreffende Thema ausführlicher besprochen ist. Zum andern erfährt man hin und wieder einiges über die konkreten Lebensumstände. Man liest Ergänzendes zu seinem Erkenntnisdurchbruch, den er bereits in „Aurora", Kapitel 19, erstmals geschildert hat.

Ein besonderes Anliegen ist ihm, dass der jeweils betreffende spirituell suchende Briefempfänger innerliche Fortschritte machen möge, damit ihm die aus dem Evangelium (Mt 13,45 f.) bekannte kostbare Perle, Inbegriff der Wieder-

23 Gemeint ist die Wiederherstellung des heilen Weltzustands, vgl. Hebr 4.

geburt, zuteil werde. Damit meint er auch den Prozess der spirituellen Erneuerung, den er selbst durchlaufen habe.

Im 17. Sendbrief vom 3. Juli 1621 bezeichnet sich Böhme selbst als „einen unter den Suchern", der das ihm anvertraute Geistesgut nicht etwa zu vergraben, sondern es an Bedürftige weiterzureichen habe. Das habe zu geschehen, „auf dass Gottes Wille in uns möchte erkannt werden … So habe ich nicht unterlassen wollen, denen zu schreiben und sie zu erinnern und in solchem eiferigen Suchen mehr Ursache zu geben, wie das Perllein zu suchen und endlich zu finden sei."

Einer der von Böhme besonders geschätzten Adressaten ist der in den Briefen wiederholt auftauchende Landedelmann Carl von Ender (Carl Ender von Sercha) auf Schloss Leopoldshain östlich von Görlitz. Wenn Böhme als schlichter Handwerksmeister ihn als einen „edlen, gestrengen, wohl ehrenfesten Herrn" respektvoll tituliert, so ist dennoch zwischen beiden Männern im Laufe der Jahre ein enges Vertrauensverhältnis gewachsen. Der erste uns erhaltene Brief ist an Carl von Ender gerichtet und datiert vom 18. Januar 1618. Naturgemäß kommt Böhme sogleich auf sein Erleuchtungserlebnis zu sprechen, von dem seine Schriftstellerei herrührt:

1. Edler, gestrenger, wohl ehrenfester Herr, neben Wünschung von dem heiligen, allen Dingen gegenwärtigen Gott, der da ist die Fülle aller Dinge und die Kraft aller Wesen, eines glückseligen, friedlichen, freudenreichen neuen Jahrs und aller heilsamen Wohlfahrt [dies] zuvor.

2. Wiewohl ich als ein einfältiger Mann mir die Zeit meiner Tage niemals vorgenommen, mit so hohen Leuten mit meiner Gabe, so mir von Gott aus seiner Liebe und Gnade

gegeben, zu konversieren [Austausch zu pflegen] oder damit bei ihnen bekannt zu werden, sondern, nachdem in mir das hohe Licht angezündet wurde und der feurige Trieb mich überfiel, war es allein mein Wille zu schreiben, was ich eigentlich sah und im Geiste erkannte und meine Schriften bei mir zu behalten.

Es war demnach nicht die Absicht des in bescheidenen Verhältnissen und zurückgezogen lebenden Schusters, mit seinen Aufzeichnungen an die Öffentlichkeit zu treten, um von sich reden zu machen. Doch keimte in ihm die Einsicht auf, so etwas wie ein Offenbarungsträger des sich in allen Dingen manifestierenden Gottes zu werden. Das verlieh ihm sein Sendungsbewusstsein, auf das er gelegentlich den ihm gebührenden Wert legt. Deshalb kann er es wagen, auch gelehrten und hochgestellt erscheinenden Personen selbstbewusst gegenüberzutreten.

3. Ich sah wohl, was künftig werden sollte, aber dass ich mich sollte achten, als würden meine Schriften bekannt werden, ist mir niemals in mein Gemüte kommen, denn ich mich auch gar viel zu einfältig achtete. [Ich] vermeinete allein, das schöne Perlenkränzlein für mich aufzuschreiben und in mein Herz zu drücken.

4. Weil ichs aber als ein gar einfältiger Mensch nicht verstanden habe und nun mit Augen sehe, dass es Gott viel anders damit meint als ich je gedacht hatte, also lernte ich mich erst bedenken, dass vor Gott kein Ansehen der Person gilt, sondern wer ihm anhanget, der ist ihm lieb, und er treibt sein Wesen in ihm. Denn er ist alleine hoch und will sich in dem Schwachen offenbaren, auf dass es erkannt werde, wie da alleine sei das Reich und die Kraft sein und es nicht liege

an Forschung menschlicher Vernunft oder an den Himmeln und ihrer Kraft. Denn dieselben ihn doch nicht begreifen, sondern dass es ihm wohlgefalle, sich zu offenbaren in dem Niedrigen, auf dass er erkannt werde in allen Dingen.

[...]

13. Nun liegets nicht an der Kreatur Wollen, Rennen und Laufen, die Tiefe der Gottheit zu erkennen, denn der Seelen ist unbewusst das göttliche Centrum, wie da geboren wird das göttliche Wesen; sondern es lieget an Gottes Willen, wie sich der will offenbaren. So sich aber Gott in der Seelen offenbaret, was hat die Seele dazu getan? Nichts! – Sie hat allein die Sehnung [das Verlangen] zur Geburt und siehet auf Gott, in dem sie lebet, mit welchem das göttliche Licht in ihr scheinend wird. Und das erste ernste [dem Feuer zugeordnete] Principium, darinnen die Beweglichkeit Urkund [Anfang] ist, in triumphierende Freude verwandelt wird.

14. Darum ists ein Unbilliges, dass die Welt also wütet, tobet, schändet und schmähet, so [wenn] sich die Gaben Gottes in dem Menschen ungleich erzeigen und nicht alle einerlei Erkenntnis haben. Was kann ihm [sich] der Mensch nehmen, so es nicht in ihm erboren wird, welches doch nicht in menschlicher Wahl stehet, wie ers begehret, sondern wie sein Himmel [seine Bestimmung] in ihm ist, also wird auch Gott in ihm offenbar. Denn Gott ist nicht ein Gott der Zerstörung in der Geburt, sondern ein Erleuchter und Anzünder; und hat eine jede Kreatur ihr Centrum in sich, sie lebe gleich in Gottes Heiligkeit oder in Gottes Zorn. Gott will aber in allen Kreaturen offenbar sein.

15. So [Wenn] doch die Welt nicht so blind wäre, würde sie Gottes wunderbarliches Wesen an allen Kreaturen er-

kennen. So sie aber nun also wütet und tobet, das tut sie alles wider sich selbst und wider den Hl. Geist Gottes, vor welchem Lichte sie dermaleinst [wird] erschrecken. Sie werden doch nicht aufhalten den Sohn, den die sehnliche Mutter in ihrem Alter wird gebären. Denn das zeiget der Himmel an. Gott wird ihn erleuchten wider alles Wüten und Toben des Teufels und wird seinen Glanz vom Aufgang zum Niedergang strecken.[24]

16. Nicht schreibe ich von mir, denn ich zeige nur an, dass es vorhanden sei und kommen wird.

17. Ich wollte jetzt dem Herrn [Karl von Ender] gerne willfahren [entsprechen] und das Verheißene [ein Manuskript] übersenden, darinnen alles, was hier gerüget [erwähnt] wird, möchte erkläret werden ... Denn die Gaben, so mir einmal gegeben worden, sind darum nicht gar erstorben, ob sie gleich eine Zeit sind vom Teufel und der Welt verdecket worden,[25] so erzeigen sie sich jetzt manchmal viel höher und wunderbarlicher, und soll dem Herrn, wills Gott, in Kurzem etwas davon zu Händen kommen, denn es ist ein hoher Anfang dazu gemachet worden, sonderlich von den „Drei Prinzpien göttlichen Wesens“[26]... Was Gott

24 Böhme spielt auf die Erscheinung Christi als des kommenden Menschensohns an (Mt 24, 27). Nach seinem Ermessen ist eine allgemeine „Morgenröte im Aufgang“ in beinahe greifbare Nähe gerückt; die Zeit Babels und des Antichrist scheint abgelaufen zu sein.

25 Infolge des durch Pfarramt und Magistrat von Görlitz verhängten Schreibverbots musste Böhme seine schriftstellerische Arbeit einige Jahre lang unterbrechen. Doch erst nach der Konfiszierung seiner Fragment gebliebenen „Morgenröte im Aufgang“ entfaltete sich das weitere Schriftwerk.

26 Böhmes zweites Werk ist gemäß der Gesamtausgabe von 1730 betitelt: „Beschreibung der drei Prinzipien göttlichen Wesens ... geschrieben nach göttlicher Erleuchtung von Jakob Böhmen im Jahr 1619“.

will, soll geschehen. – [Ich] tue den Herrn hiermit in den Schutz des Höchsten empfehlen! In Eil geschrieben: J.B.

Vierter Brief: An Christian Bernhard

An seinen alten Freund Christian Bernhard, Zolleinnehmer zu Sagan, geht am 14. November 1619 der Sendbrief ab, in dem er auf die ihm bereiteten Hindernisse des Widersachers zu sprechen kommt. Doch letztlich dominiert bei ihm die Zuversicht, die er durch seine Briefe an die bisweilen besorgten Geistesverwandten verstärken möchte. Er befindet mit großer Genugtuung, dass in den Seelen nicht weniger Menschen ein „Grünen ohne Unterlass" begonnen habe. Gemeint ist das Aufkeimen eines neuen, auf die geistliche Wiedergeburt ausgerichteten Lebens. Doch fürchtet er auch, dass er „an vielen Enden" seiner Schriften schwer verständlich sei, so dass er wünschte, er könnte seine Seele mit ihm und anderen Freunden teilen. Denn sein „Sinn ruhet in der Wahrheit, nicht bloß in der lateinischen Zungen" der Gelehrten.

1. Gottes Heil und Licht im Leben Jesu Christi erleuchte Euch und gebe Euch ferner zu erkennen seinen Willen.

2. Mein freundlicher, gar guter Herr und Freund, dass Ihr Euer Leben habet begeben zu einem Gewächse Gottes und also grünet im Leibe Jesu Christi, des Sohnes Gottes, welcher uns hat wiedergeboren zu einer lebendigen Kreatur in sich selber, und seinem Vater dargestellet als ein liebliches Gewächse in seinem paradeisischen Lustgarten zu seiner Freud und Wundertat. Dessen erfreu ich mich …

[…]

4. Lob, Preis und Ehre aber denen, so in Christo wiedergeboren werden, welche ob sie gleich allhier ihr Leben verlieren und von den Stacheln des Dorngewächses erscheinen als ein alberes [geringes] Kraut, welches mit Füßen getreten wird; oder wie ein Kraut, welches abgehauen wird, da[von] man nichts mehr siehet und die Vernunft sprechet: Es ist aus. – Aber seine Wurzel in der Erden hat und wieder hervorgrünet. Also auch die Seele der Heiligen ist eingepfropftt in das heilige Leben Jesu Christi, und stehet in Gott seinem Vater und grünet wieder durch den Tod.

5. Denn wir, weil wir solches erkannt haben, uns hoch erfreuen und achten derowegen das Leben dieser Welt für das wenigste und freuen uns dessen, dass wir Gottes Kinder sind.

6. So wir dann wissen, dass Gott wahrhaftig in uns ist, und doch unserm irdischen Leben verborgen, so wissen wir, dass unsere Seele in Gott ist und grünet in Gott; und der Leib im Regiment [nach den Naturgesetzen] der Sternen und Elementen nach dem Quall dieser Welt.

7. Also sind wir Gottes Bild und Gleichnis, welcher selber alles ist; sollen wir uns dann [etwa] nicht freuen? Wer will uns von Gott scheiden, so die Seele in Gott steht, da kein Tod noch Zerbrechen ist.

8. Darum, mein gar lieber, treuer Freund und Bruder in Christo, acht ich mir für eine große Freude, dass ich also habe an Euch funden ein edel Gewächse [ein Edelreis] Gottes, von welchem meine Seele auch hat gerochen, davon sie wieder stark ward,[27] als sie der Treiber [Widersacher] wollte reißen aus dem Lande der Lebendigen, da sie lag unter den

27 Böhme bekundet seine Freude darüber, dass sein Freund Fortschritte auf dem Weg der spirituellen Reifung gemacht habe. Und das habe ihn in seinem Tun bestärkt.

Treibern, und sie der Antichrist im Dornengewächse wollte verschlingen.

[...]

13. So lasset uns munter sein, zu widerstreben dem Fürsten des Grimmes, auf dass die edlen Trauben und Gottes Früchte in uns wachsen, daran Gott einen guten Schmack und Ruch [Geschmack und Duft] hat, auf dass wir ihm ein lieblicher Ruch in Christo sind.

14. Wir werden dessen wohl genießen. So wir der Eitelkeit [Vergänglichkeit] des Lebens los werden, so werden wir alsdann leben und grünen in Gott und essen vom reinen Leben Gottes, ohne Makel. Und er wird unsere Speise sein und wir seine, dass es also sei ein liebliches Gewächse ineinander: wir in Gott und Gott in uns, ein ewiger Quall des heiligen Lebens im Gewächse Gottes, darinnen eitel [nichts als] Vollkommenheit in der Liebe stehet.

15. Um welches willen wir jetzt also arbeiten und lassen uns die Welt narren und verachten, dass, dieweil unser irdisch Leben im Tode grünet, unser himmlisch Leben durch den Tod ausgrüne, dass also das irdisch Leben als ein Spott vor dem himmlischen erscheine, welches nicht wert ist, dass es ein Leben genennet wird gegen[über] dem himmlischen.

16. Darum leiden wir geduldig im irdischen Leben und freuen uns im himmlischen auf Hoffnung, dass wir der Eitelkeit los werden. Da wollen wir uns wohl ergötzen [erfreuen], was wir allhier haben müssen in Trübsal säen, wollen wir in großer Freude ernten.

17. Darum, mein gar lieber Bruder im Leben Gottes, in welchem Ihr stehet, sollt Ihr mir desto lieber sein, weil Ihr mich habet aus dem Schlafe erwecket, auf dass ich hinfüro

[künftig] möge Frucht bringen im Leben Gottes, und möge mich hernach mit den Kindern Gottes derselben [darüber] freuen.

Es entspricht dem Charakter der Briefe Böhmes, dass er den darin enthaltenen spirituellen Unterweisungen auch persönliche Mitteilungen beifügt. So erwähnt er Begebenheiten, die sich auf seinen Reisen zugetragen haben. Er war beispielsweise Zeuge des Eintreffens Friedrichs von der Pfalz, des „Winterkönigs", der auf der Prager Burg Einzug hielt; für ihn, den einfachen Schuster, ein ganz außerordentliches Ereignis. Aktuelle Geschehnisse versucht er am Anfang des großen Kriegs mit biblischen Aussagen zu deuten, etwa gemäß den Ankündigungen des Propheten Ezechiel im 38. und 39. Kapitel. Er rechnet damit, dass vor der Wahl des deutschen Kaisers „großer Krieg und Streit, auch Zerbrechung vieler Städte, Schlösser und mächtiger Länder wird erfolgen", auch wenn er einräumen muss, dass er das Bevorstehende nicht ganz verstehe, handle es sich doch um etwas apokalyptisch Großes, nämlich um die Zerstörung Babels. Davon ist im 14. Kapitel der Johannesoffenbarung mit Erschrecken zu lesen. Doch ein nur eintägiger Aufenthalt in der Goldenen Stadt an der Moldau reichte wohl nicht aus, um die tieferen Hintergründe der Ereignisse in ihrem etwaigen Gegenwartsbezug zu erfassen. Soviel ist Böhme klar: Jedenfalls drohen ungeahnte Gefahren.

43. Ohne dass wir gewiss erkennen, wie gar nahe die Zerbrechung der Stadt Babel [ist], und scheinet vor uns, als sei die Zeit alsobalde vorhanden, da wir doch den Rat Gottes nicht können genug ergreifen, sondern als ein Gast, der

einen Tag in einem Lande ist, nicht alles erlernen mag, also gehet es uns auch.

Andere Mitteilungen beziehen sich auf die Nachschriften seiner beiden großen Buchmanuskripte, der „Aurora" und des Drei-Prinzipien-Buches, zumal der Zolleinnehmer Christian Bernhard selbst an dieser Arbeit mit Eifer beteiligt ist. Der Briefschluss deutet bevorstehende Texte an:

47. Ich habe auch jetzt in der Eil nicht Zeit, dass ich Mehreres schreiben kann, denn es ist noch nicht Weiteres [an Buchmanuskripten] angefangen, [aber] ich verhoffe alsobald nahend anzufangen, wie mir mein Gemüt im treibenden Willen immer zeiget; [ich] will Euch an benannten Ort treulich schicken.

48. Und tue Euch der Sanftmut Jesu Christi treulich empfehlen. J.B.

Zehnter Brief: An Abraham von Sommerfeld

Zu den für das Leben und Schaffen Böhmes bedeutsamen Sendbriefen gehören sodann der zehnte dieser Briefe an den Gutsbesitzer Abraham von Sommerfeld und Falckenheim auf Wartha (Anno 1620) und der zwölfte Brief an Kaspar Lindner, ebenfalls Zolleinnehmer, zu Beuthen, vom Tag Mariae Himmelfahrt (15. August) 1621.

Licht, Heil und ewige Kraft aus dem Brunnquell des Herzens Jesu Christi sei unsere Erquickung!

1. Edler, gestrenger, ehrenfester Herr, neben Wünschung göttlicher Gnaden und aller heilsamen Wohlfahrt, gebe ich

Euer Gestrengen zur Antwort: Nachdem mir Euer Schreiber berichtet hat, was Euer Gestrengen einen Wohlgefallen an meinen noch bisher unbekannten Schriften trage, dass mir solches in meinem Geiste noch viel ein größer Wohlgefallen und Freude ist, so ich vernehme, dass Gott auch in so hohen Menschen sein Werk treibet und führet, welches doch sonst in der Welt nicht [all]gemein erfunden wird, denn die zeitliche Ehre und Wollust dieses Lebens eine Verhinderung ist.

2. Ich kann aber das gar wohl verstehen, auf welche Weise je Gottes Geist Euer adeliches Herze müsse rühren, indem Ihr also Kosten und Mühe auf dieses Werk [*Aurora*] geleget habet, welches doch gar von einer einfältigen Hand geschrieben ist, mit keiner Kunst [Können] oder großem Verstande, sondern nur in Erkenntnis der Gaben Gottes, auch von dem Autore nicht also vermeinet [beabsichtigt] worden, dass es so hohen Leuten sollte zu Händen kommen, dieweil er es nur für sich zum Memorial und zu seiner Aufrichtung des finstern Schlafs in Fleisch und Blut geschrieben hatte, dazu mit keinem Vorsatze, ein solches Werk zu machen.

3. Es war wohl ein feuriger Trieb allda, aber ohne Vorwissen dieses Werkes, welcher im Autor verborgen gelegen als ein Mysterium, welches Gottes Geist gerühret, davon eine solche Lust und Begierde zu schreiben entstanden; und da doch keine Kunst noch Geschicklichkeit im Autor nach dem äußeren Menschen dazu [vorhanden] war. Er suchte allein das Herze Gottes, sich darein zu verbergen vor dem Ungewitter des Teufels. Und [er] betrachtete diese böse Natur und deren Einflüsse und öfters des Teufels Trug und Gottes Zorn, und dann Gottes Liebe und Barmherzigkeit. Da dann ja mancher Sturm wider die Vernunft auch wider

Fleisch und Blut und den Teufel ist gehalten worden, und alles im gewaltigen Trieb des Geistes, bis ihm ist zur Zeit gar ein edles Kränzlein[28] aufgesetzet worden, das diese Hand jetzt nicht [be]schreiben kann. [Ich] wünschte vielmehr, dass es dem Leser dieses Briefes auch geschehe. So würde er erkennen, was Gottes Süßigkeit sei, und sich nicht so hart verwundern, dass ein Laie darf solche Dinge [be]rühren.

4. Also, sage ich, als es dahin gelangte und das edle Senfkorn gesäet ward, so kam dieses Werk [her]vor zu schreiben, welches dann gleich gar tief als in einem Mysterio gesehen ward, aber mit gar großen Freuden, wohl nicht genug begreiflich, als es dann das erste Buch [*Aurora*] ausweiset, da die großen Geheimnisse noch gar einfältig und nicht genug ausführlich, auch noch in vielen Mängeln geschrieben worden sind.[29] Und nur als ein Regen vorübergehet, was der trifft, das trifft er; also auch der Geist der Wunder, zumal der Autor ein ungelehrter und wenig verständiger Mann war, dazu fast wie kindlich in den Geheimissen gegen[über] den Erfahrenen und Gelehrten, welcher auch den Weg noch nicht verstund, wie es gehen sollte, ohne was ihm der Geist zeigete, da er ihm dann selber seine Verfolgung und Schmach, so ihm würde zu Händen stoßen, mit aufgeschrieben hat, ehe die Vernunft noch etwas gewusst.

5. Und es geschah also klar, als stünde es vor Augen wie im Buche *Morgenröte*, als im ersten Teil seiner Schriften zu sehen, welches alles vor der Verfolgung gemacht worden,

28 Das „edle Kränzlein" betrachtet Böhme, ähnlich der „köstlichen Perle" als den besonderen Lohn, der ihm durch den Geist Gottes zuteil geworden sei.

29 Rückblickend räumt Böhme selbstkritisch ein, dass die vor ca. sieben Jahren abgefasste „Aurora" mit Mängeln behaftet sei, wie sie Erstlingsarbeiten dieser Art aufweisen. Deshalb war er bestrebt, sich in nachfolgenden Schriften verständlicher auszudrücken.

und mir jetzt gleich einen Trost giebet, dass es der Geist Gottes zuvor hat gezeiget, dass ich erkenne, was sein Rat in seinem Weg ist; da ich mich dann auch ganz geduldig unter das Kreuze gegeben und meine Sachen Gott befohlen [anvertraut], ihm auch gar viel geflehet, dass er solches, wo [falls] es nicht aus seinem Rat herkomme, wollte von mir nehmen und mich nichts auf solchem Wege erkennen lassen.

6. Hatte mich auch nach der Verfolgung[30] verwogen [beabsichtigt], nichts mehr zu machen, sondern als ein Gehorsamer Gott stille zu halten und den Teufel lassen mit seinem Spotte also über mich hinrauschen, in dem dann so gar mancher Sturm gegen ihn ist ergangen; und was ich gelitten, nicht wohl sagen kann.

7. Aber es ging mit mir, gleich als wenn ein Korn in die Erde gesäet wird, so wächst das hervor in allem Sturm und Ungewitter wider alle Vernunft, da im Winter alles wie tot ist, und die Vernunft spricht: Es ist nun alles hin. – Also grünete das edle Senfkorn wieder hervor in allem Sturm, unter Schmach und Spott als eine Lilie; und kam wieder in hundertfältiger Frucht, dazu mit fast [sehr] tiefer und eigentlicher Erkenntnis und mit feurigem Trieb.

8. Aber mein äußerer Mensch wollte nichts mehr aufschreiben, sondern war etwas blöde [schwach], bis es auch dahin kam, dass der innere [Mensch] den äußeren gefangen nahm; da dann das größte Mysterium erschien. Da verstand ich Gottes Rat und warf mich derowegen in Gottes Willen, wollte auch nichts denken oder dichten aus der Vernunft.

30 Gemeint ist die Verfolgung durch den Görlitzer Oberpfarrer Gregorius Richter und die Stadtverwaltung, später durch aufgehetzte Bürger. Die Urschrift der „Aurora" ließ der Bürgermeister Scultetus einziehen; Böhme hat sie nie wieder zu Gesicht bekommen. Was mittlerweile kursierte, das waren Abschriften seines berühmten Erstlings.

Auch ließ ich der Vernunft keinen Raum mehr und stellete meinen Willen in Gottes Willen, also dass meine Vernunft sollte sein als tot. Und er, der Geist Gottes, sollte machen, was er wollte. Ich wollte in der Vernunft nichts sein, auf dass sein sei das Wollen und Tun.

9. Und als dies geschah, so ward der innere Mensch gewappnet und kriegte gar einen teuren [wertvollen] Führer. Dem habe ich meine Vernunft ganz [an]heimgestellt, auch nichts gesonnen oder der Vernunft zugelassen, was ich doch schreiben wollte, ohne dass mir es der Geist gleich als in einer großen Tiefe im Mysterio auf einem Haufen immer zeigete, aber ohne meinen genugsamen [angemessenen] Begriff. Denn die Kreatur ist nicht als [wie] Gott, der alles in seiner Weisheit auf einmal fasset und tut.

10. Und also ist wieder vorgenommen worden, etwas zu schreiben; und sind innerhalb drei Viertel Jahr drei Bücher gemachet worden …

Daran schließen sich Böhmes Erwägungen zu seinen in dieser Zeit entstandenen Buchmanuskripten an. Dem Briefempfänger mag es sonderbar vorgekommen sein, dass diesen Schriften an manchen Orten von „Babel und dem Antichristen" heftig widersprochen worden sei. Doch anders als auf die bekannte Weise, in der ihm der Wortlaut anvertraut worden ist, habe er eben gar nicht schreiben dürfen. Mit anderen Worten: Er habe seinem innern Gesetz folgen müssen; und eben das hat er getan.

17. Ich habe dem Geist immer nachgeschrieben, wie er es diktieret hat, und der Vernunft keine Stätte gelassen [keinen Raum gegeben]; und erkenne es nicht für ein Werk meiner Vernunft, welche allzu schwach wäre. Sondern es ist des

Geistes Werk. Der hat gezeiget, was er vorhat und was geschehen soll und geschehen ist. Denn es gehet aus dem Ungrunde in den Grund und durchsuchet alles. Er prüfet die Herzen und Nieren und probieret [prüft] der Menschen Gedanken.

18. Auch zeiget er hiermit an das endliche [Jüngste] Gericht, dass er will alle Wesen durch das Feuer probieren; und habe gar nicht können oder mögen schreiben, gleich auch im feurigen Trieb, [ausgenommen] ich setzte es denn, nachdem es der Geist entwarf. Habe es derowegen für mich zu einem Memorial gemacht und habe weiter keinen Vorsatz [keine besondere Absicht] damit.

Weil dem so sei, dass er sein Schreiben ursprünglich als eine Privatsache angesehen habe, spricht der Absender die Bitte aus, der Empfänger möge die ihm zugegangenen Aufzeichnungen nach der Lektüre wieder an ihn zurücksenden. Im Übrigen handle es sich darin um eine Erkenntnis, die über das Menschenmögliche hinausgeht. Es sei in Gestalt der Schriften zwar „in Trübsal und mit Tränen gesät", aber von ihm schließlich „mit großen Freuden geerntet" worden. Von allerlei Einwänden der Vernunft werde es zwar verachtet, aber es stelle doch einen wertvollen Schatz dar und sei zumindest für ihn als Schreiber von großer Bedeutung. So betrachte er es als ein ihm zugeeignetes „edles Kränzlein", das heißt als eine besondere Auszeichnung, die auch anderen auf dem inneren Weg voranschreitenden Suchern – und Sucherinnenn – zuteil werden möge.

24. Ein solches Kränzlein wird dem aufgesetzt, der es mit Ernst suchet und sich ihm ergiebet, und nicht seiner Vernunft in Fleisch und Blut, wie solches meine Schriften an-

melden. Denn was darinnen geschrieben ist, hat der Autor selber erkannt. Es ist keine fremde Hand und Geist darinnen. Nicht schreibe ich es mir zum Ruhm, welcher in Gott ist, sondern den Kindern Gottes zur Richtschnur und dass sie wissen, was Gott für Lohn giebet denen, die auf ihn vertrauen und der Welt Spott [für] nichts achten.

Böhme wird hierbei nicht müde zu betonen, dass er als der Schreiber letztlich gar nicht den Autor darstellt, sondern dass es allein der Geist ist, dem er die Inhalte seiner Schriften verdankt. Und nicht genug damit, denn das von seiner Hand Niedergeschriebene ist ihm selbst nur so lange einsichtig, so lange das Licht des Geistes ihm nahe ist. Schon das deutet auf den überpersönlichen Charakter der Schriften hin, die sich letztlich nur einer spirituellen Interpretation erschließen. Dazu ist ein Einklang mit dem Willensgeist Gottes erforderlich.

29. Mir ist die Natursprache eröffnet worden, dass ich kann in meiner Muttersprache die allergrößten Geheimnisse verstehen. Und wiewohl ich nicht sagen kann, ich habe es ergriffen und gelernet, sondern also lange als die Hand über mir hält, so verstehe ich es. So sie sich aber verbirget, so kenne ich auch meine eigene Arbeit nicht und bin meiner Hände Werk fremd geworden, damit ich doch sehen möge, wie gar unmöglich es sei, Gottes Geheimnis ohne seinen Geist zu erforschen und zu halten.

30. Darum ich mir denn auch nichts zuschreibe. Es ist nicht mein Werk. Ich begehre auch keine menschliche Ehre darum. Ich bin nur ein schlichtes einfältiges Werkzeug. Gott tue und mache, was er will. Was er will, das will ich auch; und was er nicht will, das will ich auch nicht. Will er, dass

ich es soll wissen, so will ich es wissen; will er aber nicht, so will ich auch nicht. Ich will nichts und tot sein, auf dass er in mir lebe und wirke, was er will.

Wie schon angedeutet, erkennt Böhme rückblickend in seinem – notgedrungen unvollendet gebliebenen – Erstlingsbuch mancherlei Unzulänglichkeiten und Mängel, die der Klärung durch einen Neuansatz bedürfen. Schon deshalb empfand er es nur als folgerichtig, in den nachfolgenden Skripten für Aufklärung und Ergänzung zu sorgen. Wie aus diesem Brief ersichtlich, hatte Abraham von Sommerfeld die ihm zugegangene Kopie, um sicher zu gehen, an den Verfasser mit der Frage zur Prüfung vorgelegt, ob es sich überhaupt um eine authentische Abschrift handle.

35. Anlangend das Buch *Morgenröte,* so ihr mir hiermit geschicket [durch]zusehen, habe ich ein wenig durchlaufen und befinde, dass es mein Werk ist und auch recht nachgeschrieben. Allein dass etliche Silben [sind] ausgelassen worden um der Kürze willen, aber doch [ist] dem Verstande nichts genommen worden; und bin, so viel ich dessen in Eil durchblättert und einzeln gelesen, weil ich keinen Zusatz befunden, wohl damit zufrieden.

36. Aber die großen Geheimnisse stecken darinnen noch sehr tief im Mysterio; sind vom Autore wohl erkannt worden. Aber es war auf das erste Mal nicht wohl möglich, der Vernunft zu fassen. Ob es gleich in der Tiefe erkannt wird, so war doch der Autor dieses noch gar ungewohnet. So ihm die himmlische Freude entgegnete, so ward schlicht dem Geist nachgegangen. Aber die wilde [befremdlich erscheinende] Art ist nicht alsobald neu geboren. Es wird gesäet ein Korn; daraus wächst ein Baum. So die Kraft groß

ist, so wächst der Baum desto eher und wird desto eher erkannt.

37. In den andern drei Büchern werdet ihr die Geheimnisse [et]was heller haben und also immer höher ... gegründet; und also das vierte ein fast [sehr] heller Spiegel, da man das große Mysterium genug sichtlich erkennt, allein desselben Kinder.[31] Die Vernunft wird wohl blind daran bleiben, denn Gottes Geist wohnet nicht im äußeren Principio, sondern im innern, und gehet vom inneren aus in äußere. Aber das äußere [Principium] ergreift ihn nicht.

38. Ich bescheide aber Euch, dass das Buch *Morgenröte* nicht ist vollendet worden, denn der Teufel gedachte Feierabend damit zu machen, weil er sah, dass der Tag wollte darinnen anbrechen. Auch hat der Tag die Morgenröte schon übereilet [eingeholt], dass es fast [sehr] licht ist worden. Es gehörten noch wohl [etwa] dreißig Bogen dazu. Weil es aber der Sturm hat abgebrochen, so ist [es] nicht vollendet worden, und ist unterdessen Tag worden, dass die Morgenröte ist verloschen. Und ist seit der Zeit am Tage gearbeitet worden; soll auch also bleiben stehen zu einem ewigen Gedächtnis ...

[...]

41. Will derowegen niemand turbieret [verwirrt] haben, sondern erkenne, dass es Gottes Schickung also sei, sonst wäre dieses Buch wohl noch im Winkel [verborgen]. Also ist es über meinen Bewusst und Willen [ohne Wissen] publizieret wordenn, und dazu von den Verfolgern selber, welches ich für eine Gottes-Schickung erkenne. Denn die

31 Nur Kindern des Geistes ist das tiefere Verständnis geschenkt.

Leute, so es haben, habe ich nie erkannt. Dazu habe ich es [das Buch *Aurora*] selber nicht, und ist mir doch nun schon zum vierten Mal ganz nachgeschrieben, zum Augenschein und in die Hände kommen; und sehe, dass es andere Leute publizieren, welches ich für Wunder achte, dass das Korn wächst wider des Feindes Willen. Aber was von Gott gesäet wird, kann niemand halten noch erwehren.

42. Was aber Ihr und andere Leute mehr etwa im Buche *Morgenröte* in Missverstand ziehen und ihnen unrecht vorkommet, dazu eine Erklärung gehöret, so wird im dritten und im vierten Buch genug erkläret. Da dann eine offene Porte des Geheimnisses aller Wesen erscheinet. Und ist nichts in der Natur, das nicht möchte auf diesem Wege gegründet werden, denn es zeiget und öffnet den *Stein der Weisen* [32] zu allen Geheimnissen, beides im göttlichen und im irdischen Mysterio. Es können alle Metallen der Erden mit diesem Verstande in den höchsten Grad gebracht werden, aber nur von den Kindern der *Magiae* Gottes, welchen es wird geöffnet werden.

43. Ich sehe wohl dasselbe, aber mir gebühret nicht dasselbe anzurühren, habe auch keine Kunst [Können] noch Handgriffe dazu, sondern stelle nur ein offen Mysterium dar. Gott wird ihm [sich] schon seine Arbeiter erwecken. Bei mir suche niemand das Werk. Und ob es etwas heller könnte geöffnet werden und auch heller ist erkannt worden, so habe ich doch meinen Willen gebrochen und will nichts schreiben, als nur wie es mir gegeben wird, auf dass

32 Hier, wie auch an anderen Stellen seiner Schriften, kommt Böhme auf alchimistische Begriffe zu sprechen. Er benutzt sie – so auch bei der Verwendung des Wortes *magia* –, um den spirituellen Aspekt seiner Erkenntnisart in Abgrenzung gegenüber Operationen der *Vernunft* deutlich zu machen.

es nicht mein Werk sei und ich der Turba [Verwirrung] [an] heimfiele.

44. Und so ihr etwas wolltet lassen aus den allhier mitgeschickten Schriften abschreiben, so tut dem Schreiber not, dass er ein gelehrter, verständiger Mann sei, denn die Silben sind nicht alle genug ausgestrichen, auch nicht nach der Grammatica. Es mögen auch wohl in vielen Worten Buchstaben fehlen, auch öfter ein gemeiner [kleiner] Buchstabe für einen Versal [großen Buchstaben] gesetzet sein, denn die Kunst hat hier nicht geschrieben! Es hat auch keine Zeit gehabt zu bedenken nach dem rechten Verstande des Buchstabens, sondern alles [ist] nach dem Geiste gerichtet, welcher öfters ist in Eil gegangen, dass dem Schreiber die Hände wegen der Ungewohnheit gezittert.[33]

45. Und ob ich wohl könnte etwas zierlicher [exakter und schöner] und verständlicher schreiben, so ist dies die Ursache, dass das brennende Feuer öfters zu geschwinde treibet. Dem muss die Hand und Feder nacheilen, denn es gehet als ein Platzregen. Was es trifft, das trifft es. Wäre es möglich, alles zu ergreifen und zu schreiben, so würde es wohl dreimal mehr und tiefer gegründet. Aber es kann nicht sein. Und darum werden mehr als ein Buch gemacht, mehr als eine Philosophie [Darstellung] und immer tiefer, also dass dasjenige, was in einer nicht hat mögen ergriffen werden, in der andern gefunden werde.

46. Und wäre gut, dass endlich aus allen [Büchern] nur *eines* gemachet würde, und würden die andern alle weg-

33 Dieser bemerkenswerte Hinweis lässt daran denken, dass Böhme bisweilen – zumindest situationsbedingt und abschnittsweise – unter einem Schreibdrang gestanden haben muss, wie er vom Phänomen des automatischen Schreibens bekannt ist, bei dem die Hand in ungewöhnlicher Schnelligkeit über das Papier eilt. Einem inneren Diktat gefolgt zu sein, spricht er selbst in diesem Brief, Abschnitt 17, aus.

getan. Denn die Vielheit macht Streit und Widerwärtigkeit wegen des zähen Begriffs der Leser, welche nicht wissen, den Geist zu unterscheiden, der [eine] also wunderliche Sprache führet, da die Vernunft öfters meinet, es sei ihr widerwärtig [unvernünftig]; und ist doch in der Tiefe nicht widerwärtig!

47. Aus welchem Missverstande ist die große Babel auf Erden geboren worden, da man nur um Worte zanket und lässet den Geist des Verstandes im Mysterio [Verborgenen] liegen, welcher Ende und Zahl gefunden worden ist. Denn der Anfang hat das Ziel [ge]funden und ist kein Aufhalten mehr; es mags auch keine Gewalt mehr dämpfen.

48. Nicht rede ich von mir, sondern von dem, was der Geist [be]zeuget, dem niemand widerstehen kann. Denn es stehet in seiner Allmacht und lieget nicht an unserm Wähnen oder Willen, wie das vierte Buch dieser Schriften trefflich hoch anzeiget, welches gewaltig im Licht der Natur gegründet ist und an allen Dingen kann erwiesen werden.

49. Ferner bescheide ich Euch das allhier mitgesandte Schreiben … zur Nachrichtung um Argwohns willen …

50. Und übersende Euch hiermit den vierten Teil als die vierzig Fragen.[34] Da könnt Ihr Euch darinnen ersehen [orientieren]; und will künftig Euch den andern und dritten Teil auch schicken, so Ihr das werdet befehlen; und bitte, mir das selbige wieder zu schicken, denn ich soll es demjenigen, so die Fragen gestellet hat[35], übersenden.

34 Bei den „Vierzig Fragen von der Seelen“ handelt es sich um solche, die der Arzt Dr. Balthasar Walther seinem Freund Böhme vorgelegt und die dieser beantwortet hat. Der Abdruck ist im 3. Band der hier benutzten Gesamtausgabe von 1730 enthalten.

35 Balthasar Walther.

51. Und tue Euch der göttlichen Liebe empfehlen neben Wünschung, dass Gott Euer adeliches Herze wolle erleuchten und des Autoris Sinn und Gemüte recht im innern Principio lassen erkennen, auch alle zeitliche und ewige Wohlfahrt hiermit geben.

Datum Görlitz, ut supra [wie oben angegeben]: J.B.

Zwölfter Brief: An Caspar Lindner

Der offene Brunnquell im Herzen Jesu Christi sei unsere Erquickung und führe uns in sich ein, auf dass wir in seiner Kraft leben und [uns] in ihm erfreuen und in seiner Einigung uns in ihm lieben, erkennen und in *einen* Willen treten.

2. Ehrenfester, wohlweiser Herr, in der Liebe und Menschheit Jesu Christi geliebter Freund! Neben herzlicher Wünschung von Gott, in unserm Emanuel, Leibes und der Seelen Wohlfahrt, füge ich demselben zu wissen, dass ich seine Briefe empfangen und darinnen verstanden, wie der Herr nicht allein ein Sucher und Liebhaber des göttlichen Mysterii sei, sondern auch allenthalben desgleichen Schriften fleißig nachforsche.

3. Welches mich meines Teils hoch erfreuet, dass Gott seine Kinder also ziehet und führet, wie denn geschrieben stehet: Welche der Geist Gottes treibet, die sind Gottes Kinder. – Und wie sich ein Ast am Baum des andern freuet und ihm seinen Saft und Kraft giebet. Also auch die Kinder Gottes in ihrem Baume Jesu Christo, welches meine einfältige Person hoch erfreuet, dass uns Gott in seinem Brunnquell als einfältige [rechtmäßige] Kinder zu sich, zu unserer rechten Mutter Brüste ziehet, dass wir uns nach ihm sehnen als ein Kind nach seiner Mutter.

[...]

5. Ich soll euch aber nicht [ver]bergen des einfältigen Kinder-Weges, den ich in Christo wandle. Denn ich kann von mir nicht anders schreiben als von einem Kinde, das nichts weiß und verstehet, auch niemals gelernet hat, als nur dieses, was der Herr *in mir* wissen will nach dem Maß, als er sich *in mir* offenbaret.

6. Denn von dem göttlichen Mysterio etwas zu wissen habe ich niemals begehret, viel weniger verstanden, wie ich es suchen oder finden möchte; wusste auch nicht davon als der Laien Art in ihrer Einfalt ist. Ich suchte allein das Herze Jesu Christi, mich darinnen zu verbergen vor dem grimmigen Zorn Gottes und den Angriffen des Teufels; und bat Gott ernstlich um seinen Hl. Geist und Gnade, dass er mich in ihm wollte segnen und führen und das von mir nehmen, was mich von ihm [ab]wendete, und mich ihm gänzlich zu ergeben, auf dass ich nicht meinem, sondern seinem Willen lebete und er mich allein führete und ich sein Kind in seinem Sohne Jesu Christo sein möchte.

7. In solchem meinem gar ernstlichen Suchen und Begehren – darinnen ich heftige Anstöße erlitten, mich aber eher des Lebens verwegen [das Leben zu wagen], als davon ausgehen und ablassen wollte – ist mir die Porte eröffnet worden, dass ich in einer Viertelstunden mehr gesehen und gewusst habe, als wenn ich wäre viele Jahr auf hohen Schulen gewesen; dessen ich mich hoch verwunderte; wusste nicht, wie mir geschah, und darüber mein Herz ins Lob Gottes wendete.

Im folgenden Abschnitt 8 legt Böhme in knapper Weise dar, was er unter den für sein Denken bedeutsamen Drei Prin-

zipien versteht. In ihnen erblickt er „die drei Welten“ oder Dimensionen oder Seinsebenen, die allem Sein zugrunde liegen.

8. Denn ich sah und erkannte das Wesen aller Wesen, den Grund und Ungrund. Item [Desgleichen] die Geburt der Hl. Dreifaltigkeit, das Herkommen und den Urstand dieser Welt und aller Kreaturen durch die göttliche Weisheit. Ich erkannte und sah in mir alle drei Welten als erstens die göttliche, englische oder paradeisische, und dann zweitens die finstere Welt als den Urstand der Natur zum Feuer, und zum Dritten diese äußere sichtbare Welt als ein Geschöpf und Ausgeburt oder als ein ausgesprochen Wesen aus den beiden inneren geistlichen Welten. Ich sah und erkannte, [dass] das ganze Wesen in Bösem und Guten [bestehe], wie eines von dem andern urständete und wie die Mutter der Gebärerin wäre, dass ich mich nicht allein hoch verwunderte, sondern auch erfreuete.

9. Und fiel mir zuhand [gleichzeitig] also stark in mein Gemüte, mir solches für ein Memorial [Erinnerung, Denkzettel] aufzuschreiben, wiewohl ich es in meinen äußern Menschen gar schwer ergreifen und in die Feder bringen konnte. Ich musste gleich anfangen in diesem sehr großen Geheimnis zu arbeiten als ein Kind, das zur Schule gehet. Im Inneren sah ich es wohl als in einer großen Tiefe, denn ich sah hindurch als in ein Chaos [Urzustand], da alles innen lieget; aber seine Auswickelung war mir unmöglich.

10. Es eröffnete sich aber von Zeit zu Zeit in mir als in einem Gewächse, wiewohl ich zwölf Jahr damit umging[36]

36 Es handelt sich um die zwölf Jahre, die zwischen Böhmes Erkenntnisdurchbruch und der Niederschrift des damals Empfangenen in Gestalt der „Aurora“ liegen.

und dessen schwanger war und einen heftigen Trieb in mir befand, ehe ich es konnte in das Äußere bringen, bis es mich hernach überfiel als ein Platzregen. Was der trifft, das trifft er. Also ging es mir auch; was ich konnte ergreifen, in das Äußere zu bringen, das schrieb ich auf.

11. Wiewohl mir die Sonne nachmals ziemliche Zeit geschienen hat, aber nicht immer beharrlich. Wenn sich diese hat verborgen, so habe ich wohl auch meine eigene Arbeit kaum verstanden[37], und solches darum, auf dass der Mensch erkenne, dass das Wissen nicht sein, sondern Gottes sei, dass Gott in der Seelen des Menschen wisse, was und wie er will.

12. Solche meine Schriften gedachte ich mein Leben lang bei mir zu behalten und keinem Menschen zu geben. Aber es fügete sich nach Schickung des Höchsten, dass ich einem Menschen etwas davon vertrauete, durch welchen es ohne mein Vorwissen offenbar wurde; darauf mir das erste Buch [*Aurora*] entzogen war, und weil darinnen gar wunderliche Sachen eröffnet, so [die] dem menschlichen Gemüte nicht bald begreiflich waren; [ich] habe darum müssen von den Vernunft-Weisen [seinen rationalen Kritikern] viel ausstehen.

13. [Ich] sah auch dasselbe erste Buch in drei Jahren nicht mehr; vermeinete, es wäre längst tot und dahin, bis mir Abschriften von gelehrten Leuten zugeschicket wurden, mich vermahnend, mein Talent zu offenbaren, welche die äußere Vernunft nirgends tun wollte, dieweil sie vorhin also viel hatte müssen erleiden. So war die Ver-

37 Böhme lässt durchblicken, dass er jeweils das innere Licht nötig hatte, um das von ihm Geschriebene zu verstehen. Das deutet einmal mehr darauf hin, dass zumindest ein wesentlicher Teil seiner Schriften in einem erhöhten, einem inspirativen Bewusstseinszustand verfasst worden sind.

nunft sehr schwach und zaghaftig [verzagt], dann mir auch zugleich das Gnadenlicht eine ziemliche Zeit entzogen ward, und glomm in mir als ein verborgen Feuer, dass also nichts denn Angst in mir war: Von außen Spott, von innen ein feuriger Trieb. Und [ich] mocht es doch nicht ergreifen, bis mir der Höchste mit seinem Odem [inspirierend] wieder zu Hilfe kam und ein neues Leben in mir erweckete. Allda erlangete ich einen bessern Stilum [Ausdrucksweise] zu schreiben und auch eine tiefere und gründlichere Erkenntnis; konnte alles besser in das Äußere bringen, wie es dann das Buch „Vom dreifachen Leben"[38] durch die drei Prinzipien ausweiset und der göttliche Liebhaber [der Leser], so ihm sein Herze mag aufgetan werden, sehen wird.

14. Also habe ich nun geschrieben: Nicht von Menschen-Lehre oder Wissenschaft aus Bücher-Lernen, sondern aus meinem eigenen Buche, das *in mir* eröffnet ward, als das edle Gleichnis Gottes. Das Buch des edlen Bildnisses – zu verstehen: das Ebenbild Gottes – war mir vergönnet zu lesen. Und darinnen habe ich mein Studieren gefunden als ein Kind in seiner Mutter Hause, das da siehet, was der Vater machet und demselben in seinem Kinderspiel nachspielet. Ich [be]darf kein ander Buch dazu!

15. Mein Buch[39] hat nur drei Blätter. Das sind die drei Principia der Ewigkeit. Darinnen kann ich alles finden, was Mose und die Propheten, sowohl Christus und die Aposteln geredet haben. Ich kann der Welt Grund und alle

38 Jakob Böhme: Hohe und tiefe Gründung von dem Dreifachen Leben des Menschen, nach dem Geheimnis der dreien Prinzipien göttlicher Offenbarung. 1620; Abdruck im 3. Band der Gesamtausgabe von 1730.

39 Hier als Metapher für seine Vorstellung von der trinitarisch strukturierten Wirklichkeit.

Heimlichkeit darinnen finden. Doch nicht ich, sondern der Geist des Herrn tut es nach dem Maß, wie er will.

16. Denn ich habe [zu] ihm viel hundertmal geflehet, so mein Wissen nicht zu seinen Ehren und meinen Brüdern zur Besserung möchte dienen, er wollte solches von mir nehmen und mich nur in seiner Liebe erhalten. Aber ich habe befunden, dass ich mit meinem Flehen nur habe das Feuer in mir heftiger entzündet und in solchem Entzünden und Erkennnis habe ich meine Schriften gemacht.

17. Ich habe aber damit nicht vermeinet bei solchen Leuten, als ich jetzt sehe, bekannt zu werden; vermeinete noch immer, ich schriebe für mich, wiewohl mir der Geist Gottes in der Verborgenheit in meinem Geist solches genugsam zeiget, zu was Ende [zu welchem Zweck] es wäre. Noch war die äußere Vernunft immer das Contrarium [Gegenteil]. Als nur zu Zeiten, wann der Morgenstern aufging, da ward die Vernunft mit entzündet [angeregt] und tanzte mit, als hätte sie es ergriffen; aber es ist weit davon.

18. Gott wohnet in dem edlen Bildnis und nicht im [naturhaften] Sternen- und Elementen-Geiste. Er besitzet nichts, als nur sich selber in seinesgleichen. Und ob er wohl etwas besitzet, als er denn alles besitzet, so ergreifet ihn doch nichts, als nur das, so von ihm entsprungen und herkommen ist, als die Seele in der Gleichheit Gottes.

19. Darum ist mein ganzes Schreiben als eines Schülers, der zur Schulen gehet. Gott hat meine Seele in eine wunderliche Schule geführet. Und ich kann mir in Wahrheit nicht zumessen, dass meine Ichheit etwas wäre oder verstünde.

20. Es soll keiner höher von mir halten als er hier siehet. Denn das Werk in meiner Arbeit ist nicht mein. Ich habe nur nach dem Maß, als mir es vom Herrn vergönnet wird. Ich bin nur sein Werkzeug, mit dem er tut, was er will.

Solches melde ich Euch, mein geliebter Herr, zur Nachricht, dass nicht jemand einen andern bei mir suche, der ich nicht bin als einer von Kunst [Können] und hoher Vernunft, sondern ich lebe in Schwachheit und Kindheit in der Einfalt Christi, in seinem mir gegebenen Kinderwerke. Darinnen habe ich mein Spiel und ist mein Zeit-Vertreiben. Darinnen habe ich meine Freude als in einem Lustgarten, da viel edle Blumen innen stehen, mit denen will ich mich derweil ergötzen [erfreuen], bis ich werde wiederum die Paradeisblumen im neuen Menschen erlangen.

21. Weil aber, mein lieber Herr und Freund, ich sehe und vermerke, dass Ihr auch auf diesem Wege seid und suchet, so schreibe ich Euch meinen Kinder-Weg mit Fleiße. Denn ich verstehe, dass Ihr auch mancherlei Schriften brauchet [benutzt], von welchen Ihr ein Judicium [Urteil] von mir begehret, so Euch als meinem Mit-Gliede, soviel mir Gott zu erkennen gegeben, auch widerfahren soll und solches nur kurz und summarisch. In meinem Buch „Vom dreifachen Leben“ findet Ihr es weitläufig nach allen Umständen.

22. Gebe Euch demnach dieses zur Antwort, dass die eigene Vernunft, welche ohne Gottes Geist nur bloß vom Buchstabieren gelehret ist, alles tadelt und verachtet, was nicht schnurrecht [ordnungsgemäß] nach dem Gesetze der hohen Schulen eintrifft. [Es] wundert mich aber gar nichts, denn sie ist von außen, und Gottes Geist von innen. Sie ist gut und böse; sie fähret dahin als ein Wind und lässet sich wägen und treiben. Sie achtet auf Menschen-Urteil; und was das hohe Ansehen dieser Welt richtet, danach richtet [urteilt] sie auch. Sie erkennet nicht des Herrn Sinn, denn er ist nicht in ihr. Ihr Verstand ist vom Gestirne und ist nur ein Spiegel gegen [angesichts] der göttlichen Weisheit.

23. Wie mag der die göttlichen Sachen richten [beurteilen], in dem nicht der Geist des Herrn ist? Der Geist des Herrn prüfet und richtet allein alle Dinge. Denn ihm allein ist alles bewusst und offenbar. Die Vernunft aber richtet von außen, und [es] richtet je eine Vernunft nach der andern, der Kleine nach dem Großen, der Laie nach dem Doktor, und ergreifet keiner die Wahrheit und des Herrn Sinn, ohne der Geist Gottes, welcher im Menschen richtet und niemands Person ansiehet. Der Laie ist ihm als der Doktor.[40]

24. Dass aber die Kinder Gottes so mancherlei Gaben haben zu schreiben, reden und richten, und nicht alle einen Stilum [Ausdrucksweise] führen, daraus die eigene Vernunft hernach das Ihre aussauget und eine Babel [Verwirrung] machet, daraus so vielerlei Meinung ist entstanden, dass man hat auch ihren Schriften Meinungen und Wege zu Gott erdichtet, welchen Weg man gehen sollte; und also ein solcher Zank daher entstanden ist, dass jetzt der Mensch nur bloß auf den Streit siehet, welcher den andern mit Buchstaben-Wechseln überwindet. Das ist alles Babel, eine Mutter der geistlichen Hurerei, da die Vernunft nicht zur Türe Christi, durch Christi Geist in die Gelassenheit zu Gott eindringet, sondern sie dringet aus sich selber, aus eigener Macht und Hoffart, in einen andern Menschen, und will gern immer das schönste Kind im Hause sein. Man soll sie ehren und anbeten.

25. Die Kinder Gottes haben mancherlei Gaben nach der Regel des Apostels[41]: Gott giebet einem jeden auszusprechen, wie viel er will. Die Gaben der Menschen ge-

40 In dieser Hinsicht macht es keinen Unterschied, ob man gelehrt ist oder nicht.

41 Anspielung auf die unterschiedlichen Gnadengaben (Charismen) gemäß 1 Kor 12.

schehen alle nach dem unerforschlichen Willen Gottes und quellen alle aus einer Wurzel. Die ist die Mutter der drei Prinzipien, wie eines jeden seelischer Geist in der ewigen Mutter konstellieret wird, also ist auch seine Offenbarung und Erkenntnis.

Nach der Einschätzung anderer spiritueller Literatur gefragt, äußert sich Böhme vorsichtig. Das „Richten" ist seine Sache nicht (vgl. Abschnitt 34). Zwar räumt er ein, dass auch er einige Autoren und deren Werke kennt, aber entscheidend ist, welcher geistigen Quelle sie entstammen. Ihm selbst ist wichtig, dass eine derartige Hervorbringung vom Geist Gottes in die menschliche Seele hineingekommen ist. Das schließt die Unterschiedlichkeit der jeweils empfangenen Gaben nicht aus. Das zeigt schon die Eigengestalt der biblischen Autoren.

32. Und [ich] sage ferner, dass alle die teuren von Gott erleuchteten Männer, deren Schriften Ihr teils in Händen möget haben, aus ihrer Eröffnung geredet haben, ein jeder nach seinem Begriff: Das Centrum aber ist die Seele, und das Licht ist Gott. Die Offenbarung geschiehet durch Eröffnung des Geistes Gottes, durch die Constellation [Einstellung] der Seelen.

33. Von Anfang der Welt her haben alle Propheten von Christo geweissaget; einer so, der andere anders. Sie haben nicht alle einerlei Rede in einerlei Forma geführet, sondern ein jeder, wie ihm der Geist Gottes in seiner seelischen, ewigen Constellation eröffnet hat. Aber aus einem Centro haben sie alle geredet. Also geschieht es noch heute: Die Kinder Gottes reden alle aus Eröffnung des Geistes Christi, welcher ist Gottes, ein jeder nach seinem Begriff. Will Euch

derowegen freundlich erinnert haben, Euch nicht an das Vernunft-Geschwätze und stolze Gericht zu stoßen und derowegen jemandes Gaben zu verachten. Denn der solches tut, der verachtet den Geist Gottes.

34. Diese angedeuteten Autores, über welche Ihr ein Gutachten von mir begehret, habe ich nicht alle, jedoch zum Teil gelesen. Ich begehre sie nicht zu richten [beurteilen]. Es sei ferne von mir. Ob sie gleich nicht alle einen Stilum haben gehabt zu schreiben. Denn die Erkenntnis ist mancherlei. So gehöret mir aber aus meinen Gaben, ihre Herzen und Willen zu prüfen. Wenn ich aber befinde, dass ihre Herzen und der Geist aus einem Centro, als auch Christi Geist, entsprießen, so lass ich mir am Centro genügen, und befehle das Aussprechen der höchsten Zungen als dem Geist der Weisheit Gottes, der durch die Weisheit eröffnet einem jeden nach dem, als er will.

35. Ich richte niemand; und ist das Verdammen ein falsches Geschwätz. Der Geist Gottes richtet selber alle Dinge. Ist derselbe in uns, was fragen wir dann lange nach dem Geschwätze? Ich erfreue mich aber vielmehr der Gaben meiner Brüder. Ist es aber, dass sie eine andere Gabe auszusprechen gehabt haben als ich, soll ich sie darum richten?

36. Spricht auch ein Kraut, Blume, Baum zum andern: Du bist sauer und dunkel, ich mag nicht neben dir stehen? Haben sie nicht alle *eine* Mutter, daraus sie wachsen? Also [kommen] auch alle Seelen aus *einer*, alle Menschen aus *einem*. Warum rühmen wir uns Kinder Gottes, so wir doch unverständiger sind als die Blumen und das Kraut auf dem Felde? Ists nicht auch also mit uns, dass Gott seine Weisheit in uns offenbaret? Gleichwie er die Tinktur [Wandlungskraft] der Verborgenheit in der Erden, durch die Erde mit schönen Gewächsen offenbaret, also auch in uns Menschen.

Wir sollten uns vielmehr darüber erfreuen und uns herzlich lieben, dass Gott seine Weisheit in uns so vielfältig offenbaret. Der aber richtet und verdammet auf dem gottlosen Wege, welcher nur in Hoffart läuft, sich sehen zu lassen, der ist ein Treiber zu Babel und ein drehend Rad, das nur Zank aufbläset.

37. Die rechte Proba [Kennzeichen] der Kinder Gottes ist diese, da man mag sicher nachfolgen: Ein demütiges Herz, das sich nicht selber suchet noch ehret, sondern suchet immerdar seinen Bruder in der Liebe, das nicht Eigennutz und Ehre suchet, sondern Gerechtigkeit und Gottesfurcht. Der rechte und schlichte Weg zu Gott zu kommen ist dieser, soviel mir dessen erkenntlich ist, nämlich, dass der Mensch aus seinen begangenen Sünden ausgehe und ihm [sich] einen ernsten Vorsatz mache, nimmermehr wieder darein einzugehen und in seinem Ausgehen nicht zweifele [nicht zögere].

[…]

39. Daher saget Christus: Wo ihr nicht umkehret und werdet wie die Kinder, sollt ihr das Reich Gottes nicht sehen [Mt18,3]. Item: Ihr müsset neu geboren werden [Joh 3,7], das ist: Wir müssen aus aller Vernunft wieder in die Gelassenheit, in unserer Mutter Schoß eingehen und alles Disputieren fahren lassen, auch unsere Vernunft ganz wie tot machen, auf dass der Mutter Geist eine Gestalt in uns bekomme und in uns das göttliche Leben aufblase, dass wir uns in der Mutter Geist in der Wiegen finden, wollen wir von Gott gelehret und getrieben sein.

40. Wir müssen uns ihm gänzlich ergeben, dass Gottes Geist in uns das Wollen, Tun und Vollbringen sei, auf dass Gott gelehret und [voran]getrieben sei.

41. Wir sollen mit nichten sagen, was wir wissen wollen, sondern nur bloß in die Menschwerdung und Geburt Jesu Christi, in sein Leiden und Tod eingehen und immer gerne wollen in seine Fußstapfen treten und ihm nachfolgen, und gedenken, dass wir auf der Pilgrim-Straße sind, da wir durch einen gefährlichen Weg müssen in unser Vaterland, daraus uns Adam führete, wiederum in Christo auf dem schmalen Steige eingehen. Auf diesem Wege lieget das Perllein Mysterium magnum [großes Geheimnis]. Alles Studieren, Suchen und Forschen außer[halb] diesem Wege ist tot, und erlanget nicht die jungfräuliche Krone, sondern nur Dornen und Spitzen, welche die Kinder Gottes stechen.

42. Darum, mein lieber Herr, weiß ich Euch, weil Ihr mein Bekenntnis begehret, keinen bessern Rat mitzuteilen, als dass ich Euch den Weg zeige, den ich selber gehe und darauf mir ist die Tür aufgetan worden, dass ich belehret bin, ohne zuvorhin [zu] lernen. Denn alle Kunst [Können] und Wissen kommet von Gott; der findet alles.

[...]

45. Mein geliebter Herr, dieses ist mein Weg, darauf ich wandele und darauf ich wissen muss, ohne mein Vorwissen. Ich nehme mir keinen Vorsatz zuvorhin, was ich schreiben oder reden will, sondern ergebe mich in Gottes Wissen. Der mag in mir wissen, was er will. Und auf solchem Wege habe ich eine Perle erlanget, welche mir lieber ist als die äußere Welt.

Zu den Autoren, nach denen Böhme gefragt wird, gehören auch so bekannte wie der schlesische Edelmann Kaspar Schwenckfeld (1489 – 1561) und der Pfarrer von Zschoppau

Valentin Weigel (1533 – 1588), die beide an die Reformation Martin Luthers anknüpfend die Pflege des geistlichen Lebens in eigenständiger Weise betont haben. Auch über sie und andere ihm vorausgegangene religiöse Schriftsteller äußerte sich Böhme behutsam abwägend.

52. Also antworte ich auch von den andern angedeuteten Autoribus, welche teils hohe Gaben gehabt, aber nicht alles mögen genug ergreifen. Doch haben sie zu ihrer Zeit genug getan. Weil aber die jetzige Zeit eines andern Arztes bedarf, so befinden sich auch in jetziger Zeit andere Erkenner und Wisser zu dieser Krankheit, alles nach Gottes Liebe und Vorsorge, der nicht will, dass jemand verloren werde, sondern dass allen Menschen geholfen werde.

53. Wenn dieselben Autores jetzt lebeten, so würden sie vielleicht in etlichen Punkten haben klarer und in andern Formen geschrieben, wiewohl sie bei ihrer Zeit genug getan und sie darum mit nichten zu verachten sind. Obwohl etliche Punkte zu verbessern wären, so ist doch sonst ihre Lehre von der Vereinigung der Gottheit und Menschheit fast [sehr] klar, und siehet man, wie auch Gottes Geist in ihnen gewesen. Die Vernunft aber [ver]drehet alles aufs Ärgste und verkehrt es mit falschem Deuten.

Schließlich kommt Böhme auch hier auf seine mittlerweile entstandenen Bücher zu sprechen, darunter „ein sehr tiefes" über die Bezeichnung der Schöpfung und ihrer Erscheinungsformen (De signatura rerum) und eine Betrachtung über die menschlichen Charaktere, in der er der Melancholie, „wovon die Traurigkeit urstände", besondere Aufmerksamkeit schenkt. Er möchte davon Betroffenen ratend beistehen. Er tut es auf eine Weise, dass man den Eindruck hat, er spreche aus eigenem Erleben. Mit der ihm eigenen Gelassenheit stellt er schließlich seinen Lesern anheim, wie sie mit seinem Schrifttum umgehen mögen.

79. Wer es verstehen kann, der verstehe es; wer aber nicht, der lasse es ungelästert und ungetadelt. Dem habe ich nichts geschrieben. Ich habe für mich geschrieben.

80. So aber ein Bruder durstig wäre und bäte mich um Wasser, dem gebe ich zu trinken. Der wird erfahren, was ich ihm gegeben habe, so ihm der Herr das Trinken wird vergönnen.

Und tue mich in des Herrn Gunst und uns alle in die sanfte Liebe Jesu Christi empfehlen.

Datum Görlitz, am Tage Mariae Himmelfahrt.

Der Name des Herrn ist eine feste Burg.
Der Gerechte läufte dahin
Und wird erhöhet. *J.B.*

III. Stimmen und Zeugnisse zu Jakob Böhme

Angelus Silesius

1624–1677

Im Wasser lebt der Fisch, die Pflanze in der Erden,
Der Vogel in der Luft, die Sonn im Firmanent.
Der Salamander muss im Feu'r erhalten werden:
Und Gottes Herz ist Jakob Böhmes Element.

Quirinus Kuhlmann

1651 – 1689

In Böhme ist uns der Aufschluss für die kommenden Ereignisse gegeben ... O ihr lutherisch-theologische Hochschulfakultäten! Warum schlafet ihr? Ich bringe den hocherleuchteten Böhme mit dem Ewigen Evangelium vor euch.

Friedrich Christoph Oetinger

1702 – 1782

Sagt man, Jakob Böhme sei so undeutlich und schwer zu verstehen, so antworte ich: Man habe nur Geduld, seinen Verstand gegen andere Philosophen zu halten, so wird man leicht urteilen, was mit dem Gewissen des Menschen am besten zutreffe. Es ist auch nicht alles auf diese Jahre geschrieben, sondern von jetzt geht der Aufschluss der Wahrheiten fort bis in die tausend Jahr und von da in die Ewigkeit.

Georg Christoph Lichtenberg
1742 – 1799

Jakob Böhme, der Mann, dessen Schriften alles das gediegen und in einer festen Masse enthalten, was uns seine albernen Nachfolger mit einer bloß scheinbaren Verständlichkeit verdünnt und verdorben übergeben, ist und bleibt einer der ersten Schriftsteller unserer Nation.

Louis-Claude de Saint-Martin
1743 – 1803

Jakob Böhme hat die außerordentlichsten und staunenswertesten Mitteilungen niedergelegt ... Ich glaube, dem Leser einen Dienst zu erweisen, wenn ich ihm rate, sich mit diesem Schriftsteller bekanntzumachen, ihn aber besonders einlade, sich vor allem mit Geduld und Mut zu rüsten, um durch die wenig geordnete Form seiner Werke, durch die äußerste Abstraktheit der Materie, die er behandelt, sowie die Schwierigkeiten, seine Idee wiederzugeben, die er selbst eingesteht, nicht zurückgestoßen zu werden, da die meisten in Frage stehenden Gegenstände in den uns bekannten Sprachen keine entsprechenden Namen haben ... Leser, wenn du dich entschließt, mutig aus den Werken dieses Schriftstellers zu schöpfen, der von den Gelehrten der Welt für einen Wahnwitzigen gehalten wird, sicherlich wirst du der meinigen nicht bedürfen.

Franz von Baader

1765 – 1841

Wenn ich hier unseren Philosophus teutonicus den Reformator der Religionswissenschaft nenne, so antizipiere ich hiermit eine jedoch nicht mehr ferne Zukunft und behaupte nur, dass bei einer solchen rein wissenschaftlichen Reformation Jakob Böhmes Schriften und Prinzipien vorzügliche Dienste leisten werden.

G.W.F. Hegel

1770 – 1831

Wir haben uns seiner nicht zu schämen. Dieser Jakob Böhme, lange vergessen und als ein pietistischer Schwärmer verschrien, ist erst in neueren Zeiten wieder zu Ehren gekommen. Leibniz ehrte ihn. Durch die Aufklärung ist sein Publikum sehr beschränkt worden; in neueren Zeiten ist seine Tiefe wieder anerkannt worden. Es ist gewiss, dass er jene Verachtung nicht verdient, aber auch andererseits nicht die hohen Ehren, in die er hat erhoben werden sollen … Ein Mann, der bei seiner rohen Darstellung ein konkretes, tiefes Herz besitzt … Jakob Böhme ist der erste deutsche Philosoph; der Inhalt seines Philosophierens ist echt deutsch.

Novalis

1772 – 1801

…
Die Zeit ist da, und nicht verborgen
Soll das Mysterium mehr sein.

In diesem Buche bricht der Morgen
Gewaltig in die Zeit hinein.

Verkündiger der Morgenröte,
Des Friedens Bote sollst du sein,
Sanft wie die Luft in Harf' und Flöte
Hauch' ich dir meinen Atem ein.

Du wirst das Reich verkünden,
Das tausend Jahre soll bestehen;
Wirst überschwänglich Wesen finden
Und Jakob Böhmen wiedersehn.

Friedrich Schlegel

1772 – 1829

Er ist ohne Zweifel der umfassendste, reichhaltigste und mannigfaltigste von allen Mystikern; er verbreitet sich über alle Teile, die von andern nur einzeln bearbeitet oder ganz unberührt gelassen worden; er erklärt nicht allein, wie Picus von Mirandola, die Schrift allegorisch, um den religiösen Begriffen und Vorstellungen eine höhere Bedeutung zu geben, sondern er drang auch so tief in das Wesen der Physik als Fludd und Paracelsus nur mochten und brachte eine vollständige Darstellung der Prinzipien der gesamten spekulativen Philosophie zustande.

F.W.J. Schelling

1775 – 1854

Man kann nicht umhin, von Jakob Böhme zu sagen, er sei eine Wundererscheinung in der Geschichte des deutschen Geistes. Könnte man je vergessen, welcher Schatz von natürlicher Geistes- und Herzenstiefe in der teutschen Nation liegt, so dürfte man sich nur an ihn erinnern, der über die psychologische Erklärung, die man von ihm versucht, in seiner Art ebenso erhaben ist, wie es zum Beispiel unmöglich wäre, die Mythologie aus gemeiner Psychologie zu erklären ... Jakob Böhme ist wirklich eine theogonische Natur.

Ludwig Feuerbach

1804 – 1872

Jakob Böhme ist der lehrreichste und zugleich interessanteste Beweis, dass die Mysterien der Theologie und Metaphysik in der Psychologie ihre Erklärung finden ... denn alle seine metaphysischen und theosophischen Bestimmungen und Ausdrücke haben patho- und psychologischen Sinn und Ursprung.

Karl Marx

1818 – 1883

Der Schuster Jakob Böhme war ein großer Philosoph!

Rudolf Steiner

1861 – 1925

Es wird wieder eine Zeit kommen, in der man ihn – Jakob Böhme – nicht nur verstehen wird, sondern in der man von ihm wird lernen wollen. Es wird eine Zeit kommen, wo man solche tiefe Geistestaten wie die Schriften Jakob Böhmes ... wieder verstehen wird.

Paul Tillich

1886 – 1965

Wenn die protestantische Theologie die ontologischen Implikationen der christlichen Glaubensaussagen bestimmen will, würde sie gut daran tun, eher den Ideen Böhmes als denen des Aristoteles zu folgen.

Emanuel Hirsch

1888 – 1972

Bei jedem Versuch, eine im radikalen Pietismus wirksame Idee in ihrem geschichtlichen Werdegang zu erfassen, stößt man mit erstaunlicher Regelmäßigkeit auf Jakob Böhme ... Durch die Gewalt und Tiefe seines Geistes ist er von unübersehbarem Einfluss auf alle religiös Unruhigen, über die Kirche und auch über den kirchlichen Pietismus Hinausstrebenden unserer Epoche geworden.

Werner Elert

1953

Jakob Böhmes Schrifttum wendet zum ersten Mal das Bibeldeutsch als Ausdruck der Philosophie an – mit einer Vollkommenheit, wie es nachmals nur noch Goethe und Nietzsche vermocht haben. Schwerlich hätte später Hegel noch den Inhalt der Philosophie Jakob Böhmes als „echt deutsch" bezeichnen können, wenn sie sich statt der deutschen der lateinischen Sprache bedient hätte.

Ernst Benz

1907 – 1978

Die große Wiederentdeckung Jakob Böhmes in dieser Epoche ging nicht von der kirchlichen Theologie, sondern von den Häuptern der Philosophie des deutschen Idealismus, von Schelling, Franz von Baader und Hegel aus, in deren Religionsphilosophie wie auch Anthropologie und Geschichtsphilosophie sowohl die Ideen wie auch zahlreiche von ihm neu geprägte philosophische Begriffe in einer schöpferischen Weiterentwicklung wiederkehren.

Ernst Bloch

1885 – 1977

Wenn man methodisch erst einmal herausheben will, was das Eigentümliche dieser erzdialektischen Philosophie ist, so wiederhole ich: Hier ist trotz Nikolaus von Cusa die erste objektive Dialektik seit Heraklit. Dergleichen haben wir schon bei Paracelsus gesehen, aber bei Böhme geht es ins Ungeheure und auch Ungeheuerliche weiter. Er hatte ein völlig qualitatives Naturbild, das den äußersten Gegenpol darstellt zu der mathematischen Naturwissenschaft seit Galilei und Newton, freilich nicht so ganz zu Kepler, bei dem qualitative Züge noch nachwirken.

Ernst-Heinz Lemper

1924 – 2007

Im „Faust"-Drama werden zentrale Ideen und Vorstellungen Böhmes aufgegriffen und dichterisch verarbeitet: Gott und Teufel, Schöpfungsmythos, Alchymie, Paracelsismus, Humanismus, Luther-Kritik ... Mit dem „Faust" fand Böhme auch Eingang in die Dichtung der deutschen Klassik.

Eberhard E. Pältz

1929 – 2007

Niemand hat es ahnen können, dass der lutherische Laienchrist Jakob Böhme für die Geschichte des christlichen Denkens in der Neuzeit eine Bedeutung haben sollte, die nur der Luthers, Hamanns, Herders und Schleiermachers vergleichbar ist ... Die Gedankenwelt Böhmes war reicher als die seiner späteren Verehrer, die seine universelle Schau individualistisch auf die Erneuerung und Wiedergeburt des Menschseins verengten. Seine Meditationsschriften und seine theologisch-philosophischen Schriften bilden ein Ganzes.

Sibylle Rusterholz

1989

Die großen Probleme des Denkens Jakob Böhmes beziehen sich auf den Zusammenhang von Gott, Natur und Mensch, und dies, im Gegensatz zur spiritualistischen Tradition, nicht im Zeichen eines Dualismus, einer Trennung von spirituellen und materiellen Kräften, sondern im Zeichen ihrer wechselseitigen Bedingtheit und Wirkung.

José Sanchez de Murillo

2000

Die Gestalt Jakob Böhmes bedeutet absoluten Beginn, Anfang überhaupt, der schon ist, bevor die Gegensätze erscheinen ... Wie war es möglich, fragte ich mich tief erschüttert, dass eine Menschheit hervorzubringen vermag, sich in die gegenwärtige geistige und wirtschaftliche Notsituation hat begeben können? ... Das Wichtigste, was ich aus der Begegnung mit Jakob Böhme gewonnen hatte, waren Lebenslust, Glauben an das Tiefenphänomen Mensch.

Literatur

Die Böhme-Texte werden gemäß der nach wie vor maßgeblichen Gesamtausgabe der Werke Jakob Böhmes von 1730, in 11 Bänden, geboten. Hrsg. von Will-Erich Peuckert, normalisiert vom Herausgeber dieses Bandes.

Eine ausführliche Bibliografie ist enthalten in Gerhard Wehr. Jakob Böhme. Ursprung, Wirkung, Textauswahl. Marix Verlag Wiesbaden 2010, S. 223 – 252. Daraus stammt die nachfolgende knappe Auswahl:

Anderson, Bo: Jacob Böhmes Denken in Bildern. Tübingen 2007.

Benz, Ernst: Die Geschichtsmetaphysik Jakob Böhmes, in: Deutsche Vierteljahresschrift für Literaturwissenschaft und Geistesgeschichte. XIII. Stuttgart 1935, Heft 3.

- Der Prophet Jakob Böhme. Mainz-Wiesbaden 1959 (Abhandlungen der geistes- und sozialwissenschaftlichen Klasse Nr. 3).

Bloch, Ernst: Jakob Böhme, in: Vorlesungen zur Philosophie der Renaissance. Frankfurt 1972, S. 69 – 84.

Böhme, Gernot: Jakob Böhme, in: Klassiker der Naturphilosophie. München 1989, S. 158 – 170.

Bonheim, Günther: Zeichendeutung und Natursprache. Ein Versuch über Jakob Böhme. Würzburg 1992.

Bornkamm, Heinrich: Luther und Böhme. Bonn 1925.

Brecht, Martin: Die deutschen Spiritualisten des 17. Jahrhunderts, in: Der Pietismus vom 17. bis zum frühen 18. Jahrhundert. Göttingen 1993, S 206 – 240.

Buddecke, Werner: Die Jakob Böhme-Ausgaben. Teil I. Göttingen 1937; Teil II. Göttingen 1957.

Edel, Susanne: Die individuelle Substanz bei Böhme und Leibniz. Stuttgart 1995.

Elert, Werner: Die voluntaristische Mystik Jakob Böhmes. Berlin 1913; Aalen 1987.

Erkenntnis und Wissenschaft. Jacob Böhme. Internationales Jacob-Böhme-Symposion Görlitz 2000. Görlitz-Zittau 2001.

Garewicz, Jan / Haas, Alois Maria (Hrsg.): Gott, Natur und Mensch in der Sicht Jacob Böhmes und seiner Rezeption. Wiesbaden 1994.

Gauger, Andreas: Jakob Böhme und das Wesen seiner Mystik. Berlin 1999.

Gilly, Carlos: Das Bekenntnis zur Gnosis von Paracelsus bis auf die Schüler Jacob Böhmes, in: From Poimandres to Jacob Böhme. Ed. Roelof van den Broek. Amsterdam 2000, S. 385 – 425.

Grunsky, Hans. Jakob Böhme. Stuttgart 1956.

Huber, Wolfgang: Die Kabbala als Quelle zum Gottesbegriff Jakob Böhmes. Salzburg 1964. Jacob Böhmes Weg in die Welt. Hrsg. Theodor Harmsen. Amsterdam 2007.

Koslowski, Peter: Jakob Böhmes Philosophie der Offenbarung, in Koslowski: Philosophie der Offenbarung. Paderborn 2001, S. 207 – 244.

Lemper, Ernst-Heinz: Jakob Böhme. Leben und Werk. Berlin 1976.

Nigg, Walter: Heimliche Weisheit. Mystisches Leben in der evangelischen Christenheit. Zürich 1959.

Pältz, Eberhard: Jakob Böhmes Hermeneutik, Geschichtsverständnis und Sozialethik. (Habil.) Jena/Rostock 1961.
Peuckert, Will-Erich: Das Leben Jakob Böhmes. Jena 1924; Stuttgart 1961.
Pietsch, Roland: Die Dialektik von Gut und Böse in der „Morgenröte" Jakob Böhmes (Diss.) Innsbruck 1975.
Richter, Liselotte: Jakob Böhmes mystisches Leben. Hamburg 1943.
Rusterholz, Sibylle: Jakob Böhme und Anhänger, in: Grundriss der Geschichte der Philosophie des 17. Jahrhunderts, Bd. 4. Basel 2001, S. 61 – 142.
- Elemente der Kabbala bei Jacob Böhme, in: Böhme-Studien I. Berlin 2007, S. 15 – 46.
Sanchez de Murillo, José: Jakob Böhme, der deutsche Vorsokratiker, in: Erkenntnis und Wissenschaft. Internationales Jacob-Böhme-Symposium Görlitz 2000. Görlitz-Zittau 128 – 157.
Schoeller-Reisch, Donata: Erhöhter Gott – vertiefter Mensch. Zur Bedeutung der Demut, ausgehend von Meister Eckhart und Jakob Böhme. Freiburg 1999.
Schulitz, John: Jakob Böhme und die Kabbala. Frankfurt-Berlin-Bern 1993.
Solms-Rödelheim, Günter Graf zu: Grundvorstellungen Jakob Böhmes und ihre Terminologie. (Diss.) München 1962.
Steinacker, Peter: Welterfahrung und Gottesbild bei Jakob Böhme, in: Pathos, Affekt, Gefühl.
Philosophische Beiträge, hrsg. J. Craemer-Ruegenberg. Freiburg 1981, S. 172 – 203.
Wehr, Gerhard: Jakob Böhme in Selbstzeugnissen und Bilddokumenten. Reinbek 1971, 8. Aufl. 2002 (rm 179).

- Jakob Böhme. Ursprung und Wirkung in der deutschen Geistesgeschichte. Wiesbaden 2010.
- Gefährten auf dem inneren Weg. Ausgewählte Beiträge zur Spiritualität. Königsdorf 2011.

Werner, Hans-Joachim: Eins mit der Natur. Mensch und Natur bei Franz von Assisi, Jakob Böhme, Albert Schweitzer, Teilhard de Chardin. München 1988.

Wollgast, Siegfried: Jakob Böhme. Werk und Wirkung, in: Wollgast: Philosophie in Deutschland zwischen Reformation und Aufklärung 1550 – 1650. Berlin 1988, S. 677 – 740.

Zeller, Winfried (Hrsg.): Der Protestantismus des 17. Jahrhunderts. Bremen 1962. (Klassiker des Protestantismus, Bd. V).